AI经营破局

江棉斌◎著

中国商务出版社

·北京·

图书在版编目（CIP）数据

AI 经营破局 / 江棉斌著. -- 北京：中国商务出版
社，2024.12. -- ISBN 978-7-5103-5566-0

Ⅰ. F276.3-39

中国国家版本馆 CIP 数据核字第 2024R3S879 号

AI 经营破局

江棉斌　著

出版发行：中国商务出版社有限公司

地　　址：北京市东城区安定门外大街东后巷 28 号　邮　　编：100710

网　　址：http://www.cctpress.com

联系电话：010—64515150（发行部）　　010—64212247（总编室）
　　　　　010—64515164（事业部）　　010—64248236（印制部）

责任编辑：薛庆林

排　　版：北京天逸合文化有限公司

印　　刷：深圳市鑫之源印刷有限公司

开　　本：889 毫米×1194 毫米　1/32

印　　张：8　　　　　　　　　　　字　　数：142 千字

版　　次：2024 年 12 月第 1 版　　　印　　次：2024 年 12 月第 1 次印刷

书　　号：ISBN 978-7-5103-5566-0

定　　价：68.00 元

序言

——AI 正在重塑商业世界！ 如何进行 AI 经营破局

在这个日新月异的时代，科技的浪潮正以前所未有的迅猛之势重塑着世界的每一个角落，而人工智能（AI）无疑是这股浪潮中最为璀璨夺目的明珠。对于众多中小企业而言，这一时代的巨大变迁既是一场前所未有的严峻挑战，也是一个千载难逢的宝贵机遇，特别是在当前产品同质化现象日益严重、获客成本居高不下、销售转化率难以提升、经营效率普遍低下的环境下。

正是基于这样复杂而多变的背景，笔者精心撰写了本书，旨在通过全面而深入的剖析，揭示 AI 大模型的强大能力，为企业量身打造一套高效实用的降本增效方案。本书期望助力企业充分借助 AI 的先进力量，实现经营效率和产能质的飞跃，在激烈的市场竞争中脱颖而出。

笔者作为企业经营者，自生成式 AI 诞生之初，就一直在深入思考如何运用其为企业经营带来实质性的价值。我们一边思考，一边勇敢实践，率先在国内将 AI 与企业经营的各个环节紧密结合，并取得了令人注目的实质性成果。

从表面上看，AI 似乎仅是一种应用工具，但其所蕴含的强大潜能，在未来必将深刻重塑企业的经营体系，全面推动产品、营销、销售的 AI 化转型，甚至渗透至管理环节，通过 AI 化的革新与升级，真正成为驱动企业持续发展的新动力源泉。

在产品 AI 化层面，企业将 AI 深度融入产品设计、研发及生产的各个环节。自设计之初，即利用 AI 工具深度剖析市场趋势与用户需求，精准定位产品功能与特性，确保产品从源头上满足真实的市场刚性需求，而非基于主观臆断的伪需求。在生产阶段，通过 AI 驱动的自动化生产线，实现高质量、高效率的规模化生产，并利用 AI 进行质量监控，确保每件产品均符合严苛的质量标准。

营销 AI 化则标志着传统粗放式营销模式的终结。借助 AI 与大数据技术的深度融合，企业能够精准洞察消费者的行为模式、兴趣偏好及购买动机。基于此，企业可制定个性化的营销策略，为不同客户群体量身定制广告内容、推送渠道及投放时间。在社交媒体营销领域，AI 助力实现广告的精准投放，确保广告信息精准触达最有可能感兴趣的潜在客户，从而显著提升营销投入的回报率。同时，AI 能够实时监测营销活动效果，灵活调整策略，实现营销效果的持续优化与提升。

客服和销售 AI 化，为企业与客户之间构建了一座更为高效的沟通桥梁。智能客服系统能够全天候不间断地为客户提供即时响应，解答常见疑问，并处理以往需人工介入的业务需求。这些系统通过不断学习自然语言处理技术，能够准确理解客户的问题并提供让客户满意的答复。在复杂的销售场景中，AI 助手成为销售人员的得力助手，能够深度分析客户信息、提供销售话术优化建议，甚至预测客户购买意向，助力销售人员精准捕捉销售机遇，大大提升成交率。

管理环节的 AI 化则体现在人力资源管理的多个方面。在招聘过程中，AI 能协助企业筛选简历、评估候选人，同时，还能对员工绩效进行客观分析，提出个性化的培训建议。在财务管理领域，AI 负责风险预测、预算规划及成本控制。而在决策层面，AI 系统为管理层提供全面、精准的决策支持，助力企业在瞬息万变的市场环境中迅速作出最优决策，保持竞争优势。

然而，AI 经营的全面实施并非一蹴而就的。企业需逐步构建适应 AI 环境的企业文化及组织架构，同时，培养员工的数字化素养及 AI 应用能力。此外，建立灵活的组织架构，打破部门间的信息壁垒，确保 AI 系统在各环节顺畅运行，实现数据的自由流动与高效协同。唯有如此，企业方能真正实现 AI 经营的深度落地与持续发展。

一、本书的价值

笔者作为一名深耕创业领域的实践者，深刻理解企业在国民经济体系中的核心地位及其面临的诸多挑战，希望通过分析 AI 技术的最新进展、AI 与企业的实际需求的深度融合，为企业提供一把解锁智慧经营新境界的钥匙。笔者坚信，通过 AI 技术的赋能，企业不仅能够有效应对当前产品同质化严重、获客成本高昂、销售转化率及经营效率低下等难题，更能在未来的市场竞争中抢占战略先机，实现长远发展。

二、本书的特点

本书的核心价值体现在其不仅以简明扼要的方式阐述了 AI 的基本概念与广泛应用场景，更从企业经营的根本逻辑出发，深度融合了大量实战案例与实用操作技巧，为读者精心打造了一套兼具实用性、前瞻性与系统性的 AI 经营策略与实施蓝图。本书紧跟时代脉搏，深入剖析了 AIGC 等前沿技术的未来发展趋势，助力读者敏锐捕捉未来的商业机遇。

实战导向：本书并未局限于理论层面的探讨，而是从方法论、实用技巧、高效工具及经典案例等多个维度，全方位、多角度地为企业提供了一套详尽可行的 AI 应用实践指南，确保读者能够学以致用，快速上手。

全面深入：本书内容广泛而深入，对培养 AI 新思维、重构企业智能化经营法则、短视频营销、销售效能提升、数字员工应用等多个前沿领域，均进行了详尽的剖析与解读，为读者呈现了一个全面而深入的 AI 经营知识体系。

技术前沿：依托最新的 AI 大模型技术，本书将传统行业与尖端科技巧妙融合，为企业带来了颠覆性的经营变革，助力其在激烈的市场竞争中脱颖而出。

思想引领：本书并未局限于讲述 AI 工具的具体使用方法，而是站在企业 AI 经营的整体战略的高度，以未来视角审视当前，为读者提供了具有前瞻性和战略性的经营分析，助力企业把握未来趋势，实现可持续发展。

三、本书的写作目的

培养读者的 AI 思维能力：引导读者运用 AI 的独特视角来审视企业经营的每一个细微环节，使其能够洞察行业未来的发展趋势，把握先机。

培养读者的精准营销能力：深入剖析短视频营销的核心理念与实战技巧，结合 AI 技术的强大能力，让读者学会如何精准定位目标客户群体，实现高效销售转化，大幅提升营销效果。

培养读者的组织管理能力：通过探索 AI 如何为销售团队注入新活力，为读者揭示提升组织效率与执行力的关键路径，助力读者打造高效协同的团队。

培养读者的数字化转型能力：详细阐述数字员工的应用场景与优势，为读者提供推动企业数字化转型的实用策略，助力企业在数字化浪潮中稳健前行。

四、本书的读者

本书面向的是那些渴望在 AI 时代实现经营突破的企业经营者、创业者、实体企业转型者以及营销相关从业者。无论读者是初涉商海的新手，还是经验丰富的老将，都能从本书中找到适合自己的成长路径。

五、本书的主要内容

本书共分为七章，每章都围绕 AI 在企业经营中的应用展开。从 AI 新思维的建立，到 AI 智能化经营法则的重构，从产品 AI 化、推广 AI 化，到服务 AI 化落地方法论，层层递进，逐步深入，为企业提供了一整套完整的 AI 赋能方案。

在本书中，读者可见证 AI 技术是如何以惊人的力量改变企业的命运的，深刻感受到科技蕴含的无限潜力与可能。让我们携手同行，共同开启中小企业经营的新篇章！通过阅读本书并付诸实践，读者可深入掌握 AI 技术的核心精髓与实战技巧，为企业的未来发展注入新的活力、增添新的动力，引领企业在激烈的市场竞争中乘风破浪，勇往直前。

以此为序！

江棉斌

2024.11.23

CONTENTS
目 录

05

第五章

AI+客服：7×24 小时智能应答快速解决问题

06

第六章

AI 赋能变现：利用 AI 打造超级销售冠军

07

第七章
AI+数字人：利用 AI 打造企业数字员工

第一章
AI 重构：用 AI 新思维来经营你的生意

"

　　运用 AI 新思维经营，即将 AI 技术、方法和理念融入商业战略、运营及市场营销，打造高效、智能、个性化的经营模式。实践中，我们已取得显著成绩，但 AI 如何助力企业发展仍是核心问题。企业追求利润持续增长，AI 技术以降本增效破解这一难题。

　　AI 高效处理重复性任务，如文档编辑、数据分析、图片设计，大幅降低人力成本，减少人为错误，为企业基础运营减负。同时，AI 在市场营销中精准定位目标客户，基于大数据和机器学习算法剖析客户特征，量身定制营销策略，避免资源浪费。AI 依托 AIGC 的卓越能力，提升营销创意与生产效率，增强获客能力，优化投入回报率，为企业利润增长注入动力。在激烈市场竞争中，企业需深度融入 AI 技术，确保利润增长为可持续发展核心，从容应对市场变化，加大研发创新投入，开拓未来发展空间。

第一节　AI：个人和企业的"超级大脑"

　　人工智能（Artificial Intelligence，简称 AI）是一个涵盖内容广泛的领域，是计算机科学、数学、统计学等多个学科的交叉融合。

　　那么，到底什么是 AI？AI 与人脑智能的示意图如图 1–1 所示。

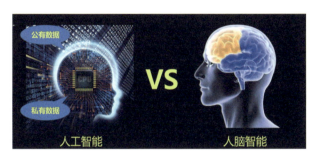

图 1–1　AI 与人脑智能示意图

　　根据科学的解释，AI 是指通过计算机程序或机器来模拟、实现人类智能的技术和方法。AI 是一种旨在使计算机或机器具备感知、理解、判断、推理、学习、识别、生成、交互等类人智能，从而能够执行各种任务，甚至在未来全面超越人类的智能表现。

一、什么是人脑智能

　　每个人的大脑本质上都是一个持续进化的超级智能体，自诞生之日起便踏上了学习的征程。从幼儿园到小学、中学、大学，直至步入社会，我们的大脑不断汲取新知识，累积经验。随着学习内容的增多，大脑的智能程度也随之提升，处理复杂问题的能力愈加强大。

大脑本身就是一个高度智能的实体，具备从多角度审视并处理复杂问题的能力。而 AI 正是在某种程度上对人类大脑的部分功能与运作方式的模拟与复制。通过模仿大脑的某些机制，AI 得以在某些领域展现出强大的处理能力。

二、什么是 AI

AI 与人类大脑在知识获取与存储的方式上存在着本质的区别。人类大脑需要经历一个漫长而艰辛的学习与积累过程，才能逐步吸纳并内化自古以来人类智慧的精华。AI 则截然不同，它犹如一个高度集成的芯片，能够在极短的时间内处理并储存地球文明自诞生以来累积的海量知识与经验。

当前，全球范围内的 AI 平台与 AI 大模型公司，均已广泛设置了丰富的公开数据资源。以 ChatGPT 为例，它依托于全球顶尖的算力支持，其数据库已更新至 2023 年 9 月，这意味着它几乎已经学习并掌握了地球文明自诞生以来所有的公开数据。

从这个角度来看，由 AI 构建的"大脑"，几乎拥有了对各类知识的超强掌握能力。相比之下，人类的大脑则显得具有局限性，通常只能在某一特定领域内展现出相对的专业性。一个人要全面掌握成百上千个行业及所有学科的知识，几乎是不可能的，因为这需要投入无法估量的时间与精力。

三、未来每个人都可以让 AI 成为你的好帮手

商业界呈现出这样一个可预见的趋势：每家企业都将拥有并珍视其私有数据，这成为企业发展的必然方向。在这样的背景下，如果 AI 既掌握了公有数据，又掌握了私有数据，就会变成拥有卓越智慧和洞察力的"超级大脑"。

未来，每个企业都将配备 AI 系统。AI 会在各个方面成为我们的好帮手，使那些曾经需要高昂的费用才能解决的问题，以更加高效的方式迎刃而解。

当前，AI 已从企业走向千家万户，成为每个人触手可及的工具。尽管个人用户和企业用户都能享受到 AI 带来的便利，但个人用 AI 和企业用 AI 的区别还是很大的，如图 1-2 所示。

个人用 AI 的核心优势更多地体现在技能与效率的显著提升上。以写文案为例，如果未使用 AI，每位文案创作者可能一天只能完成三篇文案的撰写。然而有了 AI 的辅助，产能可实现每日 30 篇甚至 300 篇的跨越式增长。提高工作效率是个人使用 AI 的目的。

图 1-2　个人用 AI 与企业用 AI 的区别

此外，个人用 AI 不仅能够辅助决策，还能极大地提升日常生活的便利性。例如，AI 助手能管理日程、规划事项、进行语言翻译或提供个性化推荐等。在这些应用场景中，AI 扮演的是工具的角色，帮助用户更快、更准确地完成各项任务，轻松获取所需信息，极大地提高了个人生活质量和工作效率。

当然，个人应用 AI 不局限于以提升技能和获取便利为目的，同样可以作为一种娱乐方式，为人们带来乐趣和新鲜感。

企业应用 AI 的核心目标聚焦于降本增效，这一过程并非简单地将其视为一种辅助工具，而是深刻地将其融入企业战略规划和日常经营的各个环节中，辅助决策过程、提高工作效率、精准控制成本，以实现降本增效的目标。

因此，个人应用 AI 遵循的是使用学习工具的逻辑，而企业使用 AI 则更多地体现了企业经营智能化的逻辑。

第二节　企业使用 AI 前先要搞清楚三个问题

　　企业在应用 AI 的过程中，需要明确应用目标和战略方向，构建完善的基础设施和平台体系，并对 AI 应用效果进行持续的评估和优化。从经营维度上来看，未来企业应用 AI 需要解决的三个关键问题如图 1-3 所示。

企业落地AI的三个关键问题

图 1-3　企业应用 AI 需要解决的三个关键问题

　　通过精准解答上述三个关键问题，企业可以全面挖掘并充分利用 AI 的潜力，从而显著提升业务运营效率，并极大地增强自身的核心竞争力。在此过程中，保持对 AI 技术最新动态的敏锐洞察以及对市场趋势的持续关注至关重要。企业需根据这些变化，及时调整战略规划和实施计划，以确保能够适应瞬息万变的市场环境。

　　谈及需要应用 AI 的企业，不仅大型企业应积极布局，中小企业同样也不容忽视。未来，一个引人注目的现象将会出现：企业间的竞争焦点将发生深刻转变，不再仅仅聚焦于企业内部的员工数量，而是更加注重衡量企业中掌握并能熟练运用 AI 技术的员工比例。同样地，企业成功的评判标准也将发生根本性变化，不再单纯依赖于基于庞大人力基数产生的总收益，而是聚焦于每位员工在 AI 技术的辅助下能实现的最高产出效率，即实现"人效"的最大化。

企业应用 AI 之前，要先搞清楚以下三个问题。

一、用 AI 解决什么问题

未来，所有的行业都会用 AI 重做一遍，也就是产品 AI 化，它重塑着世界的每一个角落——从制造业到服务业，从教育到医疗，从娱乐到交通，无一不在这场智能化革命中经历着深刻的变革。

AI 应用的核心在于解决一系列复杂、多样且不断演变的现实问题。面对这些挑战，每一个问题都需要选择最合适的 AI 工具与平台，以确保解决方案的精准和高效。

我们应当避免盲目追求 AI 技术的应用，而需要明确想解决的问题的本质。在企业层面，探讨 AI 是否能够解决短视频制作、获客、流量管理等特定问题，是至关重要的，对于企业而言，有效引流来扩大市场影响力是一个迫切的需求。

二、如何选择 AI 工具

在未来的应用场景中，AI 的使用将远远超越单一工具的范畴。以短视频制作为例，单纯依赖某一个工具往往难以达到最佳效果。相反，我们可能需要 3~4 个，甚至更多的 AI 工具和技术叠加在一起使用，以实现效率的飞跃式提升和创作质量的显著优化。

在未来，企业普遍会采用多种 AI 工具，这是因为每种 AI 工具都独具特色、功能各异，能够精准应对不同业务场景下的复杂需求。当企业在不同场景中寻求 AI 来解决问题的时候，选择合适的 AI 工具变得至关重要。另外，使用 AI 工具的成本效益，也是企业要关注的问题。

三、应用 AI 的效果

在企业应用 AI 工具过程中，实施与落地至关重要，直接影响到 AI 的应用效果。

例如，众多企业在探索 AI 应用的过程中，都曾购置过各式各样的 AI 工具。初见之时，这些工具往往令人眼前一亮，仿佛能解决诸多难题。然而，在实际应用过程中，不少企业却发现这些工具并不能如预期般有效解决实际业务中的问题。

在企业运营实践中，尽管企业领导者对 AI 工具的前沿理念持开放态度并欣然接纳，但实际操作这些工具的往往是企业的核心团队。当老板满怀憧憬地将 AI 工具引入企业，期待它能成为推动业务发展的强大动力时，一个不容忽视的事实是：如果团队不能理解并接纳这个理念，其实施和落地可能会遭遇重重阻碍。

自 AI 工具诞生以来，其价值对不同的企业呈现出显著差异。对于能够巧妙融入 AI 技术，并充分发挥其潜力以解决问题、优化业务流程或模式的企业来说，AI 无疑是宝贵的资源。相反，如果企业未能找到 AI 技术与自身技术的契合点，或缺乏实施的经验和资源，那么 AI 工具可能无法发挥其应有的作用。因此，企业在引入 AI 工具时，必须充分考虑自身的实际情况，确保 AI 技术能够真正融入并服务于企业的长远发展。

2024 年是企业 AI 落地元年。几乎在所有相关的讨论场合，都会听到这样的话："今年无疑是踏入 AI 领域的最佳时机。"对于过去因为种种原因错失了诸多机遇的企业而言，AI 这一浪潮为它们提供了一个宝贵的赶"早班车"的机会。然而，要真正把握住这一机会，并不仅仅意味着简单地"上车"，更关键的是，能在 AI 的征途上稳健前行，实现真正的落地与实施，这取决于企业在 AI 领域的持续学习、深入理解和不断应用。

例如，某企业创始人想定制一个属于自己的数字人。

数字人是指通过高精度的技术克隆个体的外貌与声音，创造出一个高度个性化的虚拟形象。这种技术为企业创始人等提供了前所未有的便利，帮助他们解放双手、优化时间管理、拓展能力边界。想象一下，即便不擅长演讲也没有关系，只要克隆出个人形象，专属的数字人便能以你的名义，自信而流畅地做演讲。也就是说一切你想做的事情，数字人都可以帮你做。

然而，有些企业创始人虽然拥有了属于自己的数字人，但实际并未达到预期效果，最后只能选择放弃使用。这不能全然归咎于克隆技术的局限性，更可能是因为团队对这一新鲜事物的理解与应用尚显不足。

因为生成数字人本身只是一个技术手段，而公司要的是经营结果，所以最终数字人应用到某个场景下的效果如何、能否实现公司想要达成的目标都是未知的。这是对所有 AI 技术的理解，数字人也是为经营服务。

第三节　AIGC 应用：推动各行业的智能化转型和发展

AIGC（Artificial Intelligence Generated Content），就是用 AI 生成的内容。从计算智能、感知智能到认知智能的进阶发展来看，AIGC 已经为人类社会打开了认知智能的大门。通过单个大规模数据的学习训练，AI 具备了多个不同领域的知识，只需要对模型进行适当的调整和修正，就能完成真实场景的任务。

2024 年，AI 在多个应用场景都受到了企业用户的广泛关注。根据国际数据机构互联网数据中心（IDC）的预测，以及行业内的观察和分析，最受企业用户关注的几个应用场景，如图 1-4 所示。

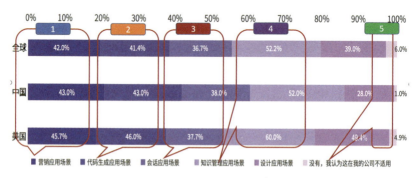

图 1-4　最有希望被企业采用的 AIGC 应用场景

一、营销应用场景

在众多 AI 应用场景中，营销无疑是首要且备受瞩目的应用场景之一。无论是在中国、美国，还是全球任何一个国家，对于企业而言，利用 AI 进行营销都是最吸引眼球也是优先考量的方式。

不论是短视频创作、吸引客户还是提升流量，这些活动的核心本质都在于营销。

营销成功的关键在于两大核心环节：一是有效的宣传推广；二是顺畅的客户转化路径。二者相辅相成，缺一不可，因为只有通过广泛的宣传推广，才能吸引潜在客户，进而促成交易，得到收益。AI 在这一领域具有非凡的优势，能够为营销提供很大的帮助，其重要性在各类应用中名列前茅。

二、代码生成应用场景

什么是代码生成？代码生成就是 AI 与软件工程交叉领域的一项重要技术，是利用机器学习、自然语言处理和其他 AI 算法自动编写或辅助编写计算机程序代码。

AI 帮我们写代码极大地提高了编程效率。对于新手程序员来说，它是学习编程的好帮手，快速获取示例代码来理解编程的概念。对于有经验的开发者来说，它能在处理重复性任务、快速搭建项目框架等方面节省时间，为开发人员编写程序带来了更高效的方式。

三、会话应用场景

排在第三位的是会话应用场景。在日常生活中人们常用的 AI 工具中，ChatGPT、豆包、文小言等无疑是佼佼者。企业可以利用 AI 会话功能做什么呢？比如做 AI 客服、市场分析，解决企业经营中的常见问题等，把 AI 作为强大的工作助理。

四、知识库管理应用场景

在未来，预计每一家企业都将建立专属的知识库系统，将那些尚未公开于公共领域的私有数据纳入其中，目的在于促进公共数据与私有数据的深度融合，通过构建基于此混合数据的大模型，来帮助企业高效运作。

五、设计应用场景

设计应用也是 AI 的应用场景。AI 的文生图功能在设计领域发挥着越来越重要的作用，为设计师带来了更多创意灵感，成为设计师高效设计的工具。目前，在平面设计、品牌设计、室内设计等高频应用 AI 工具的设计领域，过去需要花几天时间才能设计好的作品，现在利用 AI 工具几分钟就能生成初步的效果图，甚至就连不懂设计的普通人也可以借助 AI 工具设计出自己理想的作品。

第四节　AI+经营：企业经营的四大环节

在掌握私有数据后，企业专属模型的精确度将显著提升。那么，应如何把握 AI 在企业经营中的应用机遇呢？如图 1-5 所示。

图 1-5　企业怎么抓住 AI 的应用机遇

为了把握 AI 在企业中的应用机遇，每个公司都要思考在经营中的各环节如何使用 AI，通过"AI+"来优化甚至重构公司的经营方式。笔者总结出企业经营四大重要环节的 AI 化改造，即产品 AI 化、营销 AI 化、销售 AI 化和管理 AI 化。

一、产品 AI 化

产品 AI 化，就是让产品变得更智能，就像给产品装上了"大脑"。具体来说，就是通过运用机器深度学习、自然语言处理等 AI

技术，来增强产品的功能。

这样，产品就能自动完成任务，比如自动识别、自动决策，甚至还能通过不断学习和优化，来提升性能，以便更好地满足用户需求。

我们的生活中已经出现了很多这样的例子，比如智能手机上的语音助手，能识别用户语言，可以查天气、定闹钟；还有智能家居产品，比如智能门锁、智能照明，可以让家庭生活变得更便捷、舒适。

所以，产品 AI 化就是让产品变得更"聪明"，给人们的生活带来更多的便利和惊喜。

二、营销 AI 化

营销 AI 化，即利用 AI 技术助力市场营销活动。其优势体现在以下三个方面。

首先，在市场调查环节，营销 AI 化能够迅速收集并深入分析海量市场数据。这些数据涵盖客户行为、消费习惯、竞品动态等多个维度，通过网络论坛、社交媒体、电商平台等多个渠道，为客户全面洞察市场需求奠定了坚实的基础。

其次，在内容引流方面，AI 营销依据用户画像及偏好，能够精准推送用户感兴趣的内容，包括广告、文章、视频等多种形式。

这种个性化的内容推送策略，能够吸引更多潜在客户，显著提升转化率，为品牌带来更高的曝光度与影响力。

最后，在数据分析领域，AI 营销展现出强大的自动化数据分析能力，能够深入挖掘数据中隐藏的规律，进行更深度的数据分析。这不仅有助于准确把握市场趋势，预测未来的发展动向，还能实现实时监控与预警，确保人们能够迅速捕捉到市场变化信息，及时调整策略，以应对瞬息万变的市场环境。

三、销售 AI 化

短视频获客后，如何销售呢？建议通过 AI 重构销售体系。

企业现有的销售体系会被 AI 销售重构，因为以前的销售体系存在问题。比如，某公司有 10 名业务员，这些业务员业绩不好，作为领导，该怎么办？其实员工和顾客沟通交流的所有过程，不是管控不了，而是没有掌握管控的方法和技巧。

例如，某公司所有员工跟客户的沟通、对话全部被 AI 自动管理监管，AI 甚至会告诉这名业务员，跟顾客沟通的时候不应该这么讲，要用另外一种方式跟客户谈。比如，AI 对员工说："客户现在关注价格，请你通过另外一种方式去解决他对价格的抗拒点。"

企业遇到的问题，几乎是相同的，很少存在差异。

用 AI 解决销售体系问题，解决员工业绩不好问题，从而重构销售体系。原来需要100人做的事情，有了AI之后，可能只需要20人。用20人干出100人的业绩，这是使用AI的目标。

四、管理AI化

管理AI化，就是在企业管理中用上AI技术。

这样一来，很多管理的工作就可以变得更智能、更高效。比如，AI可以通过大数据分析来预测市场变化，帮企业提前制订规划和应对措施；还能整合运输、生产环节，形成完整的供应链体系，提升生产效率；在财务管理方面，能处理大量财务数据，提升财务信息处理的质量，实现财务智能化管理；在人力资源管理上，可以实现智能化考勤、招聘、培训等，让管理更精细、更公平。

而且，管理AI化还能提供智能决策支持，帮助管理者在复杂情况下快速作出正确决策，更好地应对各种挑战。虽然AI管理的好处多多，但也需要企业加强数据安全、隐私保护，还要提升员工的技术水平，让人和机器更好地配合，这样才能让管理AI化真正发挥出它的威力。

AI数字人，就是管理AI化的具体应用。

AI数字人，是基于AI技术创建的虚拟人物。企业原来用人工做的事情，未来可能被AI数字人替代。假设新员工刚到企业入职，有没有对新员工的培训体系呢？由谁来给新员工培训？很多人认为这是销售经理的职责。实则不然，销售经理岗位经常会换人，企业应该避免"一朝天子一朝臣"的现象出现。

严格来讲，一名新人到企业上班，老板应该给员工上第一堂课，关于企业的文化、价值观、愿景、产品。但是老板往往很忙，没有时间培训怎么办？最好的解决方案，就是借助 AI 工具，把老板的时间解放出来。

例如，某公司的培训体系是由该公司的领导亲自授课，但是又不用亲自出面，这样就可由领导的 AI 数字人代替讲话。公司将领导的外貌和声音克隆出来，用领导的 AI 数字人讲企业的文化、使命、价值观、产品，以及如何用心服务客户。

为什么这堂课要用数字人来讲呢？设想一下，如果今天来了两位新同事，明天来了三位新同事，每来一位新人，领导都讲一遍，时间根本不够用。但有了 AI 数字人，培训的时间冲突问题就解决了。所以 AI 的应用使企业的方方面面都发生了翻天覆地的变化。

第五节　AI 重构业务——技术突破推动商业革新

AI 重构业务流程是一项复杂且全面的工程，该过程涵盖对现有流程的深入剖析、对 AI 技术的恰当选择与应用，以及对流程的持续优化与调整。以前的业务流程存在很多不合理的地方，效率极其低下，AI 的出现，使这一切都被颠覆。

AI 重构业务流程本身，是从商业视角，而不是从工具视角来谈。工具是为了实现企业的商业目标而使用的。选择使用什么样的工具，关键是看企业经营的目标是什么。

一、人类进步的背后，都是技术的突破

人类之所以进步，几乎每一次都是因为技术上有突破性进展，如图 1-6 所示。

在原始社会，技术的飞跃主要体现在石器制造的精湛工艺上；步入农耕文明，技术的革新则表现在精巧的家具设计与农耕技术的广泛应用之中；迈入工业时代，机械制造成为时代的主旋律，其发展动力主要源于广泛投入的体力劳动。回溯祖辈们生活的时代，生育众多子女乃是普遍现象，这背后深藏着对劳动力的迫切

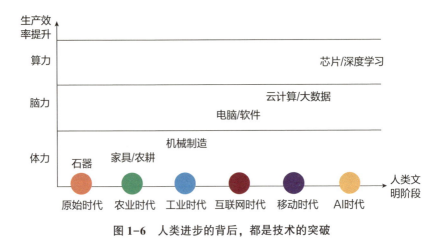

图 1-6　人类进步的背后，都是技术的突破

需求，秉持着"众人拾柴火焰高"的朴素信念。家庭人口众多，直接意味着可用的体力与劳动力充盈，可为家庭带来更多的经济收益与物质积累。

然而，随着时代的变迁，体力比拼的浪潮已然退去，取而代之的是脑力的较量。在人们的日常工作与生活中，电脑、软件、云计算以及大数据等新兴技术如雨后春笋般涌现。那些拥有掌握熟练计算机技能与软件应用人才的企业，大多在激烈的市场竞争中脱颖而出，取得了卓越的经营业绩。

拼脑力的时代终究也会过去，未来拼的是什么呢？是看企业到底有多少人在使用算力，有多少人在使用 AI。

例如，某公司强制要求每名员工都积极运用 AI 技术和算力，并配套实施相应的考核机制，无疑会激励整个团队迅速接纳并熟练掌握这些新兴工具。这一举措带来的显著效果，体现在工作效率飞跃式的提升上。具体而言，原本需要员工耗费一整天才能完成的工作任务，在引入 AI 后，仅需短短 2 个小时便能高效完成。这意味着，员工的工作效率和生产力得到了前所未有的提升。原来 10 个人干的活，现在只要 3 个人就能干完。这是逼着员工用算力的结果，虽然在算力上投入了一定精力和金钱，但是通过节约时间成本和人员效率，使企业得到了丰厚的回报。从长远来看，这种智能化的工作模式不仅提升了企业的运营效率，还为企业创造了更大的利润空间，实现了真正的可持续发展。

二、每一轮技术变革的背后，都会有新的机遇

未来竞争的关键在于企业所能调用的算力规模。具备越强算力能力的企业，在市场上的竞争力越强，这便是算力逻辑。AI 工具的发展，促使商业领域再次经历变革与重塑。每一轮技术变革的背后，都会有新的机遇，如图 1-7 所示。

第一，Web 1.0 时代，亦称 PC（个人计算机）互联网时代，其发展历程主要是 1999 年至 2009 年这一关键时段。这一时期以多家互联网巨头的崛起为显著标志，如新浪、百度、淘宝等企业，在 1999 年前后抓住了中国电脑互联网数据、互联网技术变革的机遇，之后 20 多年都发展得非常好。可以这么理解，它们抓住了这

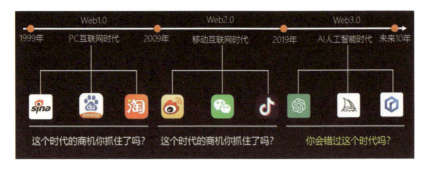

图1-7 每一轮技术变革背后的新机遇

个时代的商业机会。这些企业凭借对当时中国互联网数据与技术的敏锐洞察与精准把握，奠定了此后数十年间在行业内的稳固地位。

第二，Web 2.0时代，也就是移动互联网时代。过去PC互联网时代的红利在慢慢消失，后来有了手机互联网。2009—2019年，抓住这一机遇的代表性企业和应用如微商、抖音短视频直播平台等，在移动端产生了深远的影响，近年来火爆的都是在移动端产生的新应用。

第三，Web 3.0时代，也叫AI时代。

有这样一家公司，初创只有11个人，他们却做到了年销上亿美元，使公司估值百亿美元。过去公司要实现销量亿级规模，至少要上百人，如今有了先进的AI技术，只需十几个人就可以搞定了。

这代表着技术在不断升级迭代。目前全球的发达国家都在积极推动 AI 技术的研发和应用，美国在底层的大模型技术和 AI 基础设施的构建上全球领先，中国则积极投入应用端，推动生成式 AI 在多领域的商业化落地，借助 AI 实现各行业的产业升级。

AIGC 常用工具如表 1-1 所示。

表 1-1　AIGC 常用工具

类型	工具名称	简介	国家
AI 写作	ChatGPT	OpenAI	美国
	Kimi Chat	月之暗面科技的综合性 AI 工具	中国
	豆包	字节跳动旗下的综合性 AI 工具	中国
	文小言	百度旗下的综合性 AI 工具	中国
	通义千问	阿里巴巴旗下的综合性 AI 工具	中国
AI 作图	Midjourney	高质量文生图	美国
	Stable Diffusion	专业的图像生成技术	美国
	DALL·E3	OpenAI 开发的文生图模型，ChatGPT Plus、GPT-4o 版本可使用	美国
AI 视频	度加	百度旗下的一键成片视频自动剪辑	中国
	通义万相	阿里旗下的视频生成大模型	中国
	可灵	快手旗下的视频生成大模型	中国
	智灵星 AI	专为企业打造的 AI 短视频营销创作工具	中国

三、AI 对企业的商业价值

AI 对企业有什么商业价值？概括起来就是四个字——降本增

效，如图 1-8 所示。

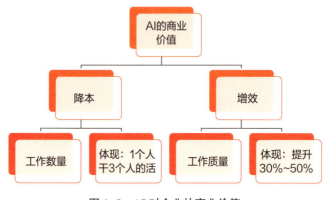

图 1-8　AI 对企业的商业价值

1. 减少人工数量，提高生产效率

AI 在商业上的应用，主要是能帮我们提高效率，让工作干得更快更好。以前需要三个人忙前忙后做的工作，现在有了 AI 助力，可能一个人就轻松搞定。这就像给工作安上了加速器，工作效率得到了极大的提高。

在企业中，电话沟通团队无疑扮演着重要角色。然而，即便是在高强度的电话营销场景下，员工往往仅能拨打约 500 通电话。与之相比，一条精心策划并制作的短视频，一旦发布，其受众覆盖面便可轻松超过 500 人，若是内容优质更能吸引成千上万，乃至百万的受众量。从提升传播效率与信息覆盖的广度来看，传统的电话沟通方式在量级与影响力上显然难以与短视频传播方式相抗衡。

当我们制作并发布一条短视频，进行一次电话沟通，本质上都是向受众传递信息的行为。但短视频通过其独特的视觉呈现效果与丰富的信息内容，往往能够更清晰地传达信息。画面与语言的结合，使得信息的表达更为直观与生动。从传播效率的角度来看，短视频的传播效率无疑更高。

以展会为例，无论您的产品或品牌多么吸引人，其所能接触的受众数量总是有限的。而短视频则打破了这一限制，其传播效率远超其他传统平台。有些善于利用短视频进行营销的企业，更是通过创建多个账号，更进一步扩大了信息的覆盖面与影响力。这样的策略转变不仅提升了传播效率，更在激烈的市场竞争中占据了先机。

有很多企业会把短视频业务外包给第三方来做。站在老板的角度思考，是可以理解的，但是从现实反馈的情况来看，外包的成功概率极低，很难有企业仅靠外包把短视频做得非常好。毕竟，短视频已经到了需要精细化运营才可能胜出的阶段，而外包公司签下大量客户，需要在同一时间操盘很多家企业的账号，不可能全力以赴地为某一家企业服务，结果可想而知。

2. 提高工作质量

在 AI 的加持下，企业的工作质量能不能提升 30% ~ 50% 呢？这可不是小数目，简直就是工作效能的大飞跃。

工作数量和工作质量的问题，会因为 AI 的诞生而得到解决。这就是 AI 对企业的商业价值。解决这两个问题往往会增加企业的隐性成本。

对企业来说，最大的成本往往是隐性成本。很多时候，企业往往过于关注那些可以明确计算的成本，而忽视难以量化却同样重要的隐性成本。这些隐性成本，如一些额外消耗，往往因为难以被直接察觉而容易被忽视，从而导致巨大的资源浪费。

通过引入 AI 工具，员工的工作效率得到了显著提升。原本一位员工一天可能只能制作三四条短视频，现在，借助 AI 技术，员工即使不专注于短视频制作，一天也能产出 50 条短视频。这种效率的提升直接降低了单位视频的制作成本，并使企业的整体效益得到了显著提升。

因为使用了 AI 工具，其员工具备了不同的能力。员工通过学习和应用 AI 技术，其能力得到了质的提升，他们能够以更快的速度、更高的质量完成工作任务。这不仅提升了员工个人的工作效率，也为企业带来了更大的竞争优势。

深圳有一家经营 10 多年的老品牌美容院，探索出一种针对大客户的"小而美" AI 应用方案，显著提升了大客户的好感。

这家美容院的诉求是用 AI 来提供服务。女性顾客常光顾该美容院并办理会员卡，由于顾客已预付费用，美容院期望顾客能保持高频消费并持续续费，其中一项促进消费的策略便是美容师主动邀约。

过去，美容师需针对每位顾客一一编写邀约短信，平均每人耗时 10 分钟，且短信内容需根据顾客情况进行个性化定制，这对美容师提出了较高要求。

使用了 AI 以后，他们的邀约效率大幅提高，仅需 45 分钟即可完成 24 位顾客的邀约。AI 自动生成一对一的邀约短信，美容师仅需稍作调整即可。AI 技术的应用，使邀约短信更加贴心且具有销售性质，从而提高了邀约到店的成功率。

还有一点值得注意，顾客躺在美容床上看到的小卡片上的内容，往往千篇一律："此床单已消毒，请放心使用。"这种语言缺乏温度。而该美容院通过 AI 技术，为每位到店的顾客提供个性化且富有温度的语言服务，从而在竞争中脱颖而出。比如，一个房间被一位名叫"李东东"的女士预约了。店里美容师也知道她的名字，就在床头的小卡片上，写了一首藏头诗：

赞语

李花绽放韵悠扬，

东岭春辉映靓妆。

东箭南金才出众，

真情逸趣品流芳。

美颜玉貌倾心肺，

好似仙姿入画堂。

谜底是"李东东真美好"。顾客看到这首藏头诗，会非常惊喜："李东东不就是我嘛!"她会兴奋地拿出手机，拍了照，发到朋友圈，这间接为美容院做了宣传。这样的环节测试下来，几乎所有的客人都会拍照，并发到朋友圈。

对于这位顾客来说，藏头诗是怎么写出来的不重要，重要的是她感受到了美容院的用心服务。因为大部分女性都是比较感性的，容易被打动，这就为接下来的顺利交流做了极好的铺垫。

AI 的应用场景还有很多，上面只是简单地举个例子。这家企业用 AI 赋能内部员工、赋能客户，起到了很好的营销宣传作用。

未来，AI 还会应用到更多的企业场景。

第六节 AI 经营思维：企业竞争，归根结底是经营效率之争

生产制造业的核心竞争力一定是制造。企业能不能做到生产制造的领先？如何做到？要做到领先，前提就是重构企业的生产制造流程，变成无人工厂，或者用大数据、自动化设备重构流程，使产品在价格上更有竞争力。

广东东莞的一位友人曾表达过这样一种观点："若想让某人陷入困境，就让其开设工厂。"他意指当前工厂经营困难，往往难以盈利。

然而，笔者对此持不同看法。笔者认为，工厂仍然具有巨大的价值。以小米为例，其北京亦庄的无人工厂在 2019 年已实现每秒生产一台手机的惊人效率。若当今的工厂能达到小米这样的生产水平，无疑将在行业中占据无可取代的地位。

问题的关键并不在于开设工厂本身不可行，而在于我们需要对工厂的经营方式进行彻底的革新。生产效率的领先是成功的关键，但若无法在生产效率上占据优势，我们是否还有其他制胜之道呢？答案是肯定的，我们还可以在营销效率上寻求突破。

什么是营销效率？如何在营销效率上做到行业领先？例如，当同行投入 10 人或 20 人进行短视频推广时，我们可以投入上百人，将资金、资源、能力和财务进行全面整合，从而大幅提升营销效率。

如果生产效率做不到领先，就一定要在营销上做到足够领先。在一年半之前，笔者就对投入 AI 提出了自己的看法：AI 在营销上的改造是极有前途的，它可以提高营销效率和成果，所以必须在这方面领先。

有些公司实施矩阵化运作，有的甚至做几百个账号。而实际上他们公司运营短视频的员工加在一起，可能不到 10 个人，要是没有 AI 加持，是根本做不到的。任何公司只要在一个关键点上做到足够领先，就会做得非常好。

如果生产效率达不到领先，营销效率就做不到领先，但依然有制胜之道，那就是在服务效率上做到足够领先。我国做服务的企业很多，例如，顺丰快递为何比较贵？是因为它的服务效率超过了所有的普通快递公司。京东快递是后来诞生的，但是为什么现在的京东快递使用频率很高？因为京东快递在本地同城的效率比顺丰还高。

只有率先使用 AI，借助 AI 在某个经营维度上做到领先同行，就能提高企业的竞争力，获得整体竞争力优势，这就是 AI 经营的思维。

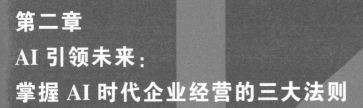

第二章

AI 引领未来：

掌握 AI 时代企业经营的三大法则

"

在 AI 时代，企业经营面临着前所未有的机遇与挑战，企业经营有三个生存法则。第一，智能化经营法则。企业怎样经营？怎样打造"小而美"的生意模式？第二，大数据精准传播法则。企业怎样宣传？怎样做推广？大数据下，如何精准传播？第三，算法推荐获客法则。企业如何获客？在这个时代，获客方式改变了，从人找商品到基于个性化推荐的商品找人。

未来可能会出现一种可怕的商业模式：企业里没有太多人，但是很赚钱。企业可能有不到20人，却做了1亿元的营收。所以，不要小瞧那些人数少的企业，也许别人活得比任何人都滋润。未来，这样的企业会不断涌现，甚至会出现大量"超级个体"，就是那些充分发挥自身能力和优势，巧妙借助 AI 技术，在各个领域实现高效产出和盈利的个人。

第一节　智能化经营法则：传统经营思维走向 AI 经营思维

智能化经营法则的演变，即从传统的经营思维转向 AI 经营思维，是商业领域一场深刻的变革。这种转变不仅反映了技术进步对商业模式的重塑，也体现了企业对效率、创新和客户体验的追求不断提升。

智能化经营法则就是利用先进的 AI 技术提升企业经营的效率。它不仅能提高运营效率、降低成本，还能辅助老板作出经营决策，增强企业的竞争力。在智能化经营背景下，即使是普通个体经营者也可以利用 AI 把生意做大。

传统经营思维与 AI 经营思维的区别，如图 2-1 所示。

传统经营思维	AI经营思维
业务模式：固定&创新较慢	业务模式：灵活&快速变化
运营效率：人资和空间限制	运营效率：自动化的智能工具
市场营销：线下门店转介绍	市场营销：新媒体智能化推广
经营决策：依赖经验和直觉	经营决策：大数据分析和算法

图 2-1　传统经营思维与 AI 经营思维的区别

第一，业务模式。传统经营思维的业务模式相对比较固定，创新速度比较慢。AI 时代的经营灵活性高，变化速度很快。有这样特点的企业，可以抓住 AI 的红利。

第二，运营效率。传统的经营思维，企业运营效率受人资和空间限制。但是在 AI 时代，运营效率都是自动化、智能化的。

第三，市场营销。传统企业的市场营销，绝大部分是通过线下实现。而现在大部分企业获客，是通过线上渠道结合线下渠道。大多数公司即使有了线上业务，做得也一般。本质上讲，这种公司还处于线下模式。

AI 市场营销用的则是新媒体智能化的推广。也就是说，未来在新媒体上做宣传、做推广、做引流，是可以实现自动化的。

第四，经营决策。传统经营思维是依赖经验和直觉做决策的。两三个股东坐到一起，脑袋一拍——"就这么干！"然而真正操作的时候，却发现不对劲。怎么办？只好重新再来。

在 AI 时代，所有的决策都不是靠拍脑门，是靠大数据分析和推荐算法。未来的决策，由 AI 大脑帮企业预测。就像自动驾驶一样，它会提前预测到道路危险，提前告诉驾驶人该如何选择，这是未来 AI 在企业当中的重要应用。

但是要让 AI 帮助你做好决策，前提是要善于向它提问。如果你不会提问，即使有了 AI 工具，也没有用。驾驭 AI 的前提，是要懂得 AI 的操作法则，要把企业经营中遇到的各方面的问题向它咨询，让它帮你制订解决方案，这就是 AI 经营的逻辑。

用好 AI，本质上，就是懂得与 AI 进行专业级的对话，如图 2-2 所示。图中，左边是人的大脑，右边是 AI 超级大脑，如果有些问题自己不太懂，就可以向 AI 发出指令，这个指令就是 AI 提示词，AI 会根据提示词给出相应的反馈。

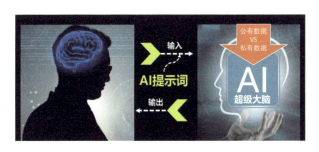

图 2-2　掌握与 AI 对话的能力

想要通过 AI 得到好的答案，提问本身要很精准才行。在什么样的情况下提问，可以做到很精准？就是搞清楚自己要什么，对问题深度思考后，再向 AI 提问，就可以得到想要的正确答案。

比如，如果想让 AI 给你的产品取个名字，你可以说："请给我的潮玩新产品品牌取一个名字，要求萌一点，比较有趣，新颖独特，三个字。"这个指令中"给我的潮玩新产品取一个名字"是目的，"萌一点，比较有趣，新颖独特，三个字"是具体要求。如果你只有目的，没有要求，给出的答案往往就会很泛泛。所以，在向 AI 提问之前，想清楚自己究竟要什么，才能与 AI 展开有效对话。

图 2-3 是笔者把这段提示词分别输入豆包和 Kimi 后得到的回答，像这种没有标准答案、偏创意性的提问，你可以同时丢给多个 AI 工具，综合各家给出的回答进行参考后再做选择。

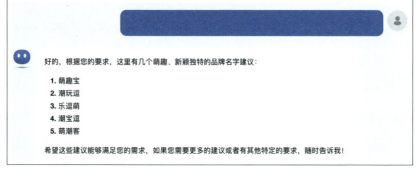

给我的潮玩新产品品牌取一个名字，要求萌一点，比较有趣，新颖独特，三个字

以下是一些三个字的萌趣潮玩品牌名：

萌趣宝宝

"萌"字直接体现出可爱、吸引人的特质，"趣"突出了趣味性，能给人带来欢乐和趣味的感觉，"宝"字则有一种珍视、宝贝的意味，让消费者觉得这些潮玩就像宝贝一样珍贵又有趣。

趣萌仔仔

"趣"字在前强调了趣味性这一核心元素，"萌"再次强化可爱的属性，"仔"字给人一种小巧可爱、活泼的印象，使整个品牌名充满活力。

萌星丸丸

"萌"字不用多说，是可爱的象征。"星"有一种梦幻、闪耀的感觉，代表着潮玩可能具有独特的闪光点，像星星一样璀璨。"丸"字给人圆润、可爱的视觉联想，增加了名字的萌趣度。

好的，根据您的要求，这里有几个萌趣、新颖独特的品牌名字建议：

1. 萌趣宝
2. 潮玩逗
3. 乐逗萌
4. 潮宝逗
5. 萌潮客

希望这些建议能够满足您的需求，如果您需要更多的建议或者有其他特定的要求，随时告诉我！

图 2-3　同一提示词下，豆包和 Kimi 的回答结果

如果你不会提问题，再厉害的 AI 在你面前，都像是"人工智障"。所以如果你发现它回答不了问题，可能是因为你不会提问题，导致你驾驭不了它。比如，同样让 AI 给你的产品取名字，如果去掉后面的具体要求，AI 给出的答案如图 2-4 所示。

图 2-4　AI 对指向不明确的提问给出的回答

在以上提问中，由于没有具体要求，AI 编了一堆中英文混搭的名字，完全没有方向感，这样利用 AI 的效率是很低的。

类似这种宽泛的提问还有很多，再如"新店开业，怎么做促销活动？""帮我写一个产品宣传文案""如何面试一位财务主管？"这些提示词都太空泛了，没有具体条件或要求。因此，向 AI 提问任何问题，都必须精准传达，这样才会得到想要的精准答案。

那究竟好的提问方式是什么样的呢？当你和 AI 对话的时候，可以参考一个公式，如图 2-5 所示。

图 2-5　精准描述的提问方式

首先，你可以告诉它，你的身份是什么？这样 AI 可以根据你的身份来假设它自己的身份；其次，你要告诉它，你想做什么、描述你希望让它帮你做什么，也就是描述你的目的；最后，提出你的具体要求，越具体越好。

有了 AI 给出的框架，很多文字不再需要亲自去写了。只需要在这个基础上做个性化调整即可，非常方便。

因此，先学会跟 AI 对话，才能驾驭 AI。如果没有掌握与 AI 对话的能力，再好的大模型，还是发挥不出其应有的功能与价值。

从写文案的角度，经过对所有写文案的大模型进行测试与对比，截至 2024 年，GPT-4o 的能力是最强的。但如果你想直接用它帮你写短视频文案，还要进行专业的调教和训练，因为它不了解平台规则，需要提问者通过提示词告诉它文案要求，如果你不告诉它，它写出来的文案大概率不能满足你的要求，而你告诉它要求的前提条件，就是你自己首先要理解短视频文案写作规则，如果你自己也不清楚，就提不出正确的要求，自然无法得到想要的文案。

文案的写法有很多种，就看你选择哪种类型的平台。不同平台的文案写法不一样，所以要理解其背后的逻辑。每一个文案团队都至少掌握了几十种吸睛文案的写法，可以让 AI 写出各种风格、匹配各类新媒体平台的文案。

这些内容都要靠专业的提示词来实现。

未来，企业如果想让公司的员工都用上大模型，必定要让专业的团队进行一场专业的 AI 全员训练。如果不这样做，那么团队是很难驾驭 AI。一旦全公司的人都会使用 AI 大模型，工作效率将会大大提高。

现在很多意识领先的企业已经开始行动了。猎豹移动公司的 CEO 傅总，2024 年在企业内部进行了 AI 应用的全员培训，如图 2-6 所示。

德国某知名钢笔品牌的中国代理商曾总，曾在高峰期在全国范围内开设了上百家门店，但受新冠疫情的影响，门店业务量有所下滑。因此，公司亟须引入新的经营理念和营销策略，以实现门店持续吸引客户的目标。在参加讲座时，曾总对"未来所有企

图 2-6 猎豹移动公司的全员 AI 动员会

业均需实现全员 AI 化应用"的观点产生强烈共鸣，并特邀笔者前往其公司进行为期两天的全员 AI 化内部培训。他希望通过 AI 应用与短视频平台的本地生活模式相结合，将线上流量引导至全国各地的线下门店。

此次培训覆盖了总部的高层管理人员，如董事长、总裁、CEO、HR 等，各门店的基层管理人员，共计 60 余人。我们采用边讲边练的方式，各组现场利用 AI 快速制作了短视频。这次全员 AI 化集中培训极大地鼓舞了员工士气，从认知到实践层面均深刻体现了 AI 的强大生产力，为公司后续将 AI 深入应用于各部门工作中奠定了坚实的基础，如图 2-7 所示。

未来，如果想要降低经营成本，全员能力就必须得到提升。提高全员能力，就是与 AI 进行深度融合。

图 2-7　连锁门店的全员 AI 化内训

第二节　大数据精准传播法则：AI 算法时代下的精准裂变传播

在 AI 算法时代，精准传播成为企业推广和品牌建设中不可或缺的一环。AI 算法以其强大的数据处理能力、精准的预测分析和高效的自动化操作，为大数据精准传播法则带来了深刻的变革。

这个时代的传播模型，已经发生了非常大的变化。

一、传统：广泛的传播方式

相较于 AI 算法时代追求的精准传播，以往的传播模式大多倾向于广泛覆盖。在传统传播场景中，无论是分发传单、设置户外广告、播放电视广告、投放电梯广告，还是进行电话营销，均采取了一种广泛撒网的策略，其核心理念在于尽可能地拓宽传播范围。至于客户能否接收到信息，很大程度上依赖于偶然的机遇，如图 2-8 所示。

然而，如今我们不难发现，这种传统的传播方式效率极为低下。近年来，一个显著的现象是，抖音平台的成功并非仅仅因为平台本身，更在于其背后强大的算法机制。这一机制极大地提升

图2-8　广泛式的传统传播方式

了传播的精准度和效率。那些善于利用抖音的人，凭借这一优势超越了使用传统传播模式的人，从而实现了业务量的显著增长；相反，未能有效运用抖音的人，则面临着业务量的萎缩。在这个资源有限的市场中，如果你未能掌握有效的传播手段，那么你的市场份额就可能被那些擅长此道的人占据，这一逻辑清晰而直接。

二、AI时代：大数据精准传播

时代的传播法则变了，AI时代通过大数据来传播，无论你打开短视频App，还是打开购物App，刷到的多半是你感兴趣的内容。几乎所有手机上的App，都遵循这个逻辑，只不过有些大数据分析能力强，有些能力弱，但背后全都是运用了AI大数据算法。这究竟是怎么实现的呢？

我们不妨仔细回顾一下，当你初次使用抖音的时候，抖音会让你选择一个操作："是否允许访问你的通讯录？"

1. 允许还是不允许？

允许和不允许的区别在哪里？在允许的情况下，当你发布视频的时候，抖音就会把你的视频推荐给你通讯录里的好友。

2. 通讯录好友，有没有可能是潜在客户？

第一，熟悉抖音规则的人，会故意把通讯录里面的好友做导引，授权给抖音，允许访问。抖音记录了这部分人的号码，会把你的视频优先推荐给他们。反观那些未授予抖音此权限的用户，其视频播放率往往不尽如人意。

第二，抖音会请求访问你的设备位置信息。一旦你允许访问，抖音便能即时掌握你的地理位置。而受益于抖音精准推荐的门店，往往会主动寻求与抖音合作。

第三，面对抖音提出的访问你设备上照片和媒体文件的请求，若你选择允许，抖音便能洞悉你拍照的意图。比如，你拍摄了一张包含汽车的照片，抖音或许就能推断出你潜在的购车意愿，并据此向你推送相关汽车广告。这一切的背后，都是大数据模型在精妙运作。

第四，关于是否允许抖音访问你的麦克风并录制声音，一旦给予了许可，你会发现，你与朋友的闲聊，半小时后就会出现在抖音的推荐中。你怎么能保证你的目标客户没有给予这样的许可？只要他们点了允许，只要你的视频内容与他们讨论的话题相吻合，抖音就能实现一对一的精准传播，宛如狙击手般精准无误。

精准的营销传播，是 AI 大数据算法下最重要的一个逻辑。很多企业都据此实现了高效低成本的盈利目标。

此刻，你定会察觉到用户需求的精准度达到了前所未有的高度。短视频平台都有一个神奇的功能，就是能够让用户在浏览时如愿以偿，所想即所得。这背后隐藏着一个商业逻辑：若未能领悟这个精髓，任何传统的营销策略都将黯然失色，传统的商业智慧在此处难以施展。许多传统企业在尝试新媒体营销转型时遭遇困境，根源在于他们一味将传统策略照搬至此，最终又不自觉地回归老路。思维模式的固化，成为他们在这个新兴领域盈利的绊脚石。然而，一旦思维转变，这片商海便蕴藏着无限的财富和机遇。

抖音给每个人都画了一张画像，每一个人在短视频平台上都有很多标签。在它的"注视"下，你只能"赤诚相见"，我们的所思所想，它几乎都能洞悉。而决定性的因素在于，它是否愿意为你带来流量。一旦它选择推送，那必然是精准无误的。至此，你或许已经明白了为何在抖音上的成交转化率极高。

抖音的精准推送背后是 AI 算法的驱动，它会将视频的内容特征和用户的兴趣标签进行匹配，将与用户兴趣相关的视频推荐给用户，所以 AI 算法会给每个用户贴一堆标签，进行用户画像，如图 2-9 所示。

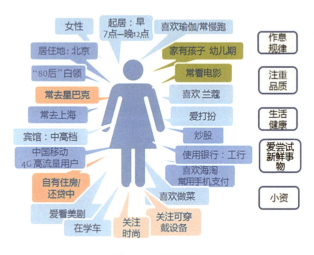

图 2-9　用户画像

比如，用户对美容类内容感兴趣，系统就会推荐含有美容元素的视频，如护肤品评测、时尚资讯等。同时基于用户的行为数据，找到与目标用户兴趣相似的其他用户，然后将这些相似用户喜欢的视频推荐给目标用户。如果用户 A 和用户 B 的兴趣标签高度重合，且用户 B 喜欢某一特定类型的视频，那么系统也会将该类型的视频推荐给用户 A。

以前我们获取知识，要去百度搜索，但现在你关注的主题，抖音会自动推给你，仿佛可以"预测"你的需求。

在抖音里做生意，还有一个非常重要的场景。

回想一下，你初次沉浸于抖音的世界时，是否曾预想过会在该平台购物？答案或许是否定的。然而，为何后来却发生了巨大的转变？原因就在于，抖音凭借其对用户潜在需求的深刻洞察，运用大数据与 AI 算法，全面剖析了你在抖音上的每一个浏览行为，捕捉到了你的全部数据轨迹。最终，它得出了一个结论：你或许正需要一台冰箱，于是，冰箱的广告便恰到好处地出现在了你的眼前。这一切，都是抖音背后强大算力的精准预测造成的。面对这样一个卓越的营销平台，若不能充分利用，甚至不懂得如何运用，实在是莫大的遗憾与损失。

大数据精准推送，背后就是一套强大的 AI 算法。

三、传统传播 VS 大数据传播

传统传播模型和在抖音 AI 大数据下的传播模型最大的区别在于，传统的传播模型是漏斗式的，如图 2-10 所示。

图 2-10　传统传播 VS 大数据传播

如果你的产品被500万人看到了，可能有10万人有意向，最后有1万人购买了。该数据越来越小，就像一个漏斗。而抖音的传播模型呈滚雪球式增长，越滚越大。

　　如果你在抖音平台上发布了一条视频，抖音不会在一开始就把这条视频推给100万人，因为抖音背后的算法始终肩负着让优质的内容被更多人看到的使命。同样，所有人都希望在抖音上看到好看的、优质的内容。

　　抖音的算法会筛选出优质的内容，同时也是用户认为优质的内容。谁喜欢，抖音就把这个视频推给谁。当一个视频发布后，抖音把这个视频推给了第一波人，假设这一波有100人看到了，抖音会分析这些人看视频的行为，第一，是否看完视频？看了多长时间？第二，有没有点赞、评论，是收藏转发还是直接划走？当分析完这100人的行为数据以后，发现大家都比较喜欢，再把这条视频推到500人的流量池，让更多人刷到。

　　同时，抖音继续观察这500人的数据行为，如果在这个流量池中的效果也不错，接下来再把这条视频进一步推给5000人看，让这5000人参与决策……以此类推，如果每次推流的用户数据都不错，抖音会层层叠加推荐，可以让一条短视频的播放量上亿。所以在抖音上，一切皆有可能。

　　总结一下，这就好比所有的视频内容，都被归集到一个池子里。当你的视频发出，抖音平台会把你的内容放到初始 200~500 人的流量池中。然后算法会根据这些人的反应，决定是否推到下一个更大的，也就是 1000~3000 人的流量池。到了这个流量池中，继续观察用户的反应，然后决定是否推到更大的流量池。如此循环推荐、多级推荐。

如果一个作品内容特别优质，阅读量就能达到上百万、上千万，成为"大爆款"。

在抖音，如果你的视频被 5000 人看到，在没有花钱买流量的情况下，你觉得会带来多少客户？5000 人看到你的一条视频，有没有可能来 10000 个客户？如果来了 10000 个客户，那么公司就会实现连续增长。

目前出现了一种现象：生产产能过剩，有货卖不出去。所以在这个时代，谁掌握营销传播的能力，谁就能在市场中有绝对的话语权。因为所有产品的质量都相差不大，技术在大部分人看来也是同质化严重。而一个产品无论宣传得多好，如果用户没有用过，他就不会认可。

所以对于大多数企业来讲，营销传播是最重要的。

你在抖音里面发布的短视频就是内容。其实无论在抖音、视频号，还是微博上，推广任何一个产品，不管是电子元器件、自动化设备，还是健身房、餐饮店、美容院等，只要想去这些新媒体平台做传播，就要创作短视频内容，如图 2-11 所示。

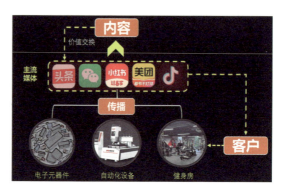

图 2-11 短视频内容传播

本质上，在这些平台传播，其实是用内容做价值交换。这些平台帮着做宣传、推广、传播，只有两种方法：一是买流量，用钱去交换；二是通过优质内容跟平台交换。

四、内容生产主体被重构

过去没有 AI 的帮助，做内容很难。现在有了 AI，几分钟就能做出上百条短视频，这样就可以根据不同的传播效果来选择自己想要的内容。有了 AI，内容生产变得比较简单，对大多数人来说基本上没有门槛。这就是内容的生产方式在重构。

PC 互联网时代专家生产内容的难度很大，数量非常有限。毕竟这个行业的专家仅有少数。随着移动互联网时代的到来，微博、微信、抖音、小红书逐渐进入大众的视野，这时候用户开始生产内容了。直到今天，掀起 AI 的浪潮，人们开始用 AI 生产内容，如图 2-12 所示。

图 2-12　内容生产主体被重构

每一个时代生产内容的效率，都比上一个时代更快。

本质上，我们学习 AI 技术，是因为掌握了生产内容的能力，也就掌握了在平台获取客户的能力，我们可以用生产的内容，跟平台交换客户。平台需要大量不同维度的内容，要么贡献内容换流量，要么花钱买流量。AI 在生产内容的时候，效率会变得非常高。

用 AI 生产内容的效率是传统内容生产效率的多少倍？通过图 2-13，我们可以看到 AI 生产内容的效率比传统生产内容的效率提高了 79%。

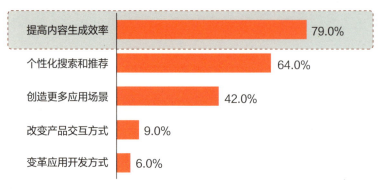

图 2-13　超级入口将给企业带来的变化/收益

五、AI 生产内容的门槛越来越低

做好短视频的前提，就是创作超级文案。通过 AI 生成文案，必须满足三个条件：低成本、持续性、批量化，如图 2-14 所示。

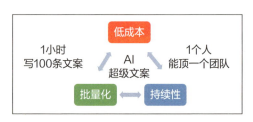

图 2-14　AI 生产内容的门槛越来越低

如果满足不了这三个条件，很难在抖音上做好短视频。而一旦这些条件悉数达成，成功便指日可待。借助 AI 技术，在短短一小时内产出百余篇文章，这样的生产效率无疑是极高的，成本也相对低廉。

有人曾经算过一笔账，若不用 AI 技术，制作一条短视频的成本动辄几百元，甚至可能更高。相比之下，利用 AI 生成一条视频，即便加上算力费用，成本也仅需几元钱，且这一成本在未来仍有进一步下降的空间。若公司聘请一名文案专员，其月薪至少 6000 元。而将 6000 元投资于 AI 文案创作，能生成的文案将数以万计，这样的效率提升实在令人叹为观止！

六、AI+短视频+直播（无人模式）

现在用 AI 做短视频，发展到了什么地步？AI+短视频+直播，即无人模式，如图 2-15 所示。

图 2-15　AI+短视频+直播

这样一系列短视频账号作品，如果不说是 AI 做的，那么可能没有人会看出来。通过 AI 做的抖音视频，我们就能吸引全国各地的学员来听 AI 课程。

有人说："我在用 AI 改造自己的公司，如果你觉得我这套方式改造得还可以，就跟着我按部就班地做!"

所以，这件事情逻辑很简单。

用 AI 做直播，不止中小公司感兴趣，所有的公司、平台，都希望用数字化来解决真人直播的痛点。比如，京东商城为了激发商家多做直播，甚至把创始人刘强东的数字人搬出来现身说法，在 2024 年 4 月，搞了一场声势浩大的刘强东直播带货专场，在京东家电和京东超市的直播间，同时开启京东创始人刘强东的 AI 数字人直播带货。仅上播 30 分钟，直播间观看人数便破千万，创造了京东超市采销直播间开播以来最高的观看人数，整场直播累计成交额超 5000 万元，成绩相当亮眼。

在这次直播中，刘强东的 AI 数字人不仅外观与真人一模一样，还能够流畅地介绍产品并与观众互动。只见他在直播过程中熟练地指挥货品上架、引导网友刷评论，甚至回复留言，全程语速均匀、情绪稳定，并且还呈现了刘强东的习惯性微表情和肢体动作，粗看之下真假难辨。

刘强东数字人直播的成功，为电商直播领域带来了新的思路和借鉴范例，同时反映了 AI 技术在商业和日常生活中的广泛应用及其带来的深远影响。

第三节 算法推荐获客法则：AI 让"人找货"转变为"货找人"

在数字化和 AI 技术高速发展的今天，获客方式发生了深刻的变革，从传统的"人找货"模式逐渐转变为"货找人"模式。这种变化不仅重塑了消费者的购物体验，也对企业的市场营销策略产生了深远的影响。

在传统的商业模式中，消费者通常会根据自己的需求和偏好，主动在市场中寻找合适的产品或服务。这个过程可能涉及浏览实体店、翻阅目录、搜索网络等多种方式。"人找货"的模式依赖于消费者的主动性和对信息的筛选能力，同时也要求商家在市场中保持足够的可见度，以吸引潜在客户。

随着大数据、云计算、AI 等技术的广泛应用，市场逐渐进入了"货找人"的新阶段。这一转变的核心在于，通过数据分析和智能算法，企业能够更精准地了解消费者的需求和偏好，进而在合适的时机、通过合适的渠道向消费者推送个性化的产品或服务信息。

一、传统营销+PC 互联网营销="人找货"

新时代获客的方式发生了改变：从"人找货"变为"货找人"。以前当你需要售卖货物时，自己去找，这叫"人找货"；现在企业有卖货需求时，不再需要自己找，抖音平台会直接推给消费者，这叫"货找人"。

以前去商场购物，是在有需求和想买东西的时候去。现在，当消费者有疑惑或者需求的时候，会想到用百度；当消费者有网上购物的需求的时候，会想到用淘宝、天猫。在这些平台上做生意的人，都有一个特点，就是和已知有需求的客户打交道，这类客户被称为准客户。

与准客户进行交易，其优势在于目标明确，能精准对接需求；然而，劣势则体现在客户频繁的比价行为上，这往往导致利润空间被不断挤压，直至微乎其微。

当消费者进入商场购物时，通常不会见到商品便立即购买，而是会进行多番比较。一旦某一商品被多番比较，即便是优质商品，也可能面临降价的压力，因为若不降价，可能难以售出。但反观当下，当我们进入抖音、视频号等短视频平台，尤其是抖音这一热门阵地，传统的比价场景似乎已难觅踪迹。在这里，用户往往因"一见钟情"或"心生爱慕"便迅速下单，比价的环节被极大地弱化了。没有了比价的竞争压力，产品得以保留合理的利润空间。相反，一旦陷入价格战，利润空间将瞬间消失；而没有足够的利润支撑，连投放广告都变得捉襟见肘，更不用说组建和维护一支专业的抖音运营团队了。企业在这些方面捉襟见肘，归根结底是利润不足所致。

不过，值得庆幸的是，这样的时代正在悄然发生改变。如今，在抖音平台上，我们所做的生意更多地面向那些拥有未知需求的潜在客户。

二、新媒体营销="货找人"

一开始，笔者并不知道谁对 AI 课程有需求，于是通过发布抖音视频来寻找潜在客户。而在抖音上发布一条短视频，就相当于一个诱饵，在抖音这个 10 亿级"大鱼塘"里面一推，大家若对这个内容感兴趣就会增加关注度。

本质上，在抖音上你想做谁的生意，就先了解他，接下来制作他喜欢看的内容，把他吸引过来就行了。

抖音就这么简单，但是大部分人不会做那个"鱼饵"，即不会做内容。会做内容的人，是懂用户的。当你知道草鱼喜欢什么鱼饵，鲤鱼喜欢什么鱼饵，那么想钓什么鱼，就用相应的鱼饵。同理，当你知道老板关注获客，关注企业的降本增效，知道老板想通过短视频提高利润，你投喂了这个"鱼饵"，老板就被吸引过来了。

其实本质上这件事情并不复杂。什么样的人能够把抖音做好？当然是会用 AI、了解客户的人。因为原来做内容是有门槛的，可是有了 AI 之后，通过 AI 赋能，做内容已经没有门槛了。会用 AI 的人，需要知道什么是好内容、用户喜欢什么内容。

未来会做内容的人，一定是了解用户的人，了解用户需求的人。会用 AI 的人，都懂这个逻辑。不懂这个逻辑的人，只能兜圈子，结果就不会太好。

未来内容领域的胜出者，将是那些能够巧妙结合 AI 与用户洞察，持续创新并快速适应变化的创作者和营销者。这不仅要求掌握技术，更强调对用户深层次需求的把握与满足。

算法推荐获客法则的核心在于"货找人"，即通过分析用户的行为、兴趣等数据，精准推荐符合其需求的商品。

算法推荐逻辑如图 2-16 所示。

收集数据：首先，平台会收集大量用户数据，比如用户的浏览记录、购买记录、收藏记录、搜索记录等。其次，平台还会收集商品数据，比如商品的销量、价格、评价、图片、描述等。

用户画像：基于收集到的用户数据，平台会运用 AI 技术构建用户画像，分析用户的兴趣、偏好、购买力等。用户画像会不断

图 2-16　算法推荐逻辑

更新，以反映用户最新的需求。

商品匹配：接下来，平台会运用推荐算法，将用户画像与商品数据进行匹配。算法会综合考虑商品的销量、评价、价格等因素，以及用户的历史行为和偏好，为用户推荐最符合其需求的商品。

实时调整：推荐结果并非一成不变的，平台会根据用户的实时反馈和行为，不断调整推荐策略。比如，如果用户点击了某个推荐商品，但并未购买，平台可能会调整推荐算法，减少类似商品的推荐。

以电商平台为例，假设你是一位喜欢购买时尚女装的用户。

数据收集：你在平台上浏览了多款女装，收藏了几款，还购买了一件，平台记录了你的这些行为，并收集了相关商品的数据。

用户画像：平台通过分析数据，发现你对时尚女装有浓厚的兴趣，偏好价格适中、款式新颖的商品，你的用户画像被构建为一个喜欢时尚女装、有一定购买力、注重商品款式和价格的年轻女性。

商品匹配：当你再次在平台上浏览时，推荐算法会根据你的用户画像，为你推荐多款符合你需求的时尚女装。这些推荐商品不仅款式新颖，价格适中，还与你之前浏览和购买的商品有一定的关联性。

实时调整：如果你点击了某个推荐商品，但并未购买，平台可能会认为这款商品并不完全符合你的需求，因此，平台会调整推荐算法，减少类似商品的推荐，同时为你推荐更多可能符合你需求的商品。

通过这种方式，电商平台能够实现大数据的精准传播，将最合适的商品推荐给最合适的用户，从而提高转化率和用户满意度。

在笔者看来，AI 不是简单地降本增效，而是把原来不可能做到的事变成可能。原本根本不可能找到的目标客户，现在通过大数据、AI 平台，很容易找到潜在准客户。

第三章

AI+产品：

产品 AI 化放大十倍价值溢价

当产品与 AI 深度融合，实现 AI 化转型，将带来功能的升级与价值的大幅提升。想象一下，清晨智能闹钟在浅睡期温柔唤醒你；浴室镜子展示你的健康信息；智能牙刷定制振动频率并检测口腔问题；厨房智能烹饪助手准备早餐，智能冰箱管理食材并自动购买；智能衣柜提供天气与搭配建议，衣物自动调节温度和透气性；智能门锁快速解锁，无人驾驶汽车规划最优路线并播放你喜欢的音乐；智能导航提供公共交通工具的实时信息；办公室智能门禁识别身份，智能办公助手整理工作任务并辅助工作。这一切不再是科幻场景，而是 AI 产品化引领的现实。产品 AI 化，未来已至，正重塑我们的生活与工作。

第一节 传统产品 AI 化升级领先的公司

一、智能手机

在 AI 浪潮席卷下，全面拥抱 AI 已经成为所有智能手机厂商的共识。首先是三星，其在 2024 年 1 月份推出的 Galaxy S24 系列，率先打出"AI 手机"的概念，在手机功能介绍开篇就宣传了 S24 系列的 AI 能力——"欢迎来到 Galaxy AI 时代"。三星内置的 AI 能力，来自与 Google 的深度合作，在 S24 系列手机里预置了谷歌的 Gemini（双子座）多模态 AI 应用，为这款手机带来了很多 AI 功能，比如，通过 AI 搜索，你可以直接识别手机屏幕中的图像、文字。三星还称要在其旗下平板电脑、手机、笔记本电脑等所有移动设备中引入 Galaxy AI。

而在智能手机领域坐第一把交椅的苹果手机当然也不敢怠慢。如果你是苹果手机用户，你肯定对语音助手 Siri 有所了解。过去，大家总是吐槽 Siri 表现不好，比如辨别率低，很难准确理解和回答问题，往往要多次尝试才能得到想要的答案等，如果向她提出更具体、复杂的问题，她往往无法正确回答，这导致很多用户觉得

Siri 很难用，甚至会质疑 iPhone 手机的技术创新地位。

虽然苹果公司知道这些问题，但是当时技术还不成熟。不过生成式 AI 出现后，苹果公司就积极行动起来。2024 年 6 月，苹果手机升级了 Siri，新版 Siri 不仅可以执行更多任务、理解上下文，还可以调用 App 并与其深度交互。新版 Siri 的文本转语音功能经过改进，声音听起来更接近人类的自然语音。此外，新版 Siri 能够更深入地与第三方 App 集成，执行很多高频操作，比如打开应用、控制媒体播放等。

苹果还主动与 OpenAI 合作，将 ChatGPT 集成到操作系统中。现在 Siri 可以利用 ChatGPT 来处理、回答各种问题。比如，你可以问 Siri 如何制作某道菜，Siri 会将信息反馈给 ChatGPT，生成相关结果。你还可以在通过 Siri 向 ChatGPT 提问时附上照片，询问与文档或 PDF 相关的问题。

在 2024 年 9 月苹果召开的秋季新品发布会上，苹果正式推出的 iPhone 16 系列手机，号称是苹果首款搭载 AI 功能的手机，蒂姆·库克（Tim Cook）说："这标志着一个令人兴奋的新时代的开始。"

iPhone 16 最大的亮点就是搭载了 IOS 系统自带的 AI，即 Apple Intelligence。在文本和语音方面，Siri 2.0 集成了 GPT-4o，能够在对话中保持上下文的连续性，理解复杂的语音指令，提供更智能的对话体验。Apple Intelligence 的写作能力可使用户在手机上处理文本、写作的效率和质量都得到极大的提升。用户还可以录制通话并实时转录文本，方便之后回顾和获取信息要点。Apple Intelligence 还可以帮用户创建个性化的表情符号和图像，增加聊天的趣味性和生动性。iPhone 16 的相机功能也得到了强化，能自动识别场景并优化设置，确保每次拍摄都能达到最佳效果。

这些 AI 功能显著提升了 iPhone 16 的用户体验，使其在智能助手、通知管理、写作工具、通话记录、相机控制等方面都有出色的表现。

总之，手机产品已经率先实现 AI 化，这种智能化发展，必然会带来新一轮的智能手机换机潮，带动整个手机行业迈上一个新台阶。

二、智能汽车

汽车行业卷不卷？笔者认为，中国乃至全球的汽车行业都很卷。在中国，汽车分为两个赛道：燃油汽车和新能源电动汽车。一开始中国做燃油汽车，从模仿借鉴到自主创新，拼命追赶，投入巨大，但是与日本、德国、美国这些老牌汽车制造大国相比，中国依然存在很大差距。因为老牌汽车厂家拥有几十年甚至上百年的技术积累、品牌沉淀和专利壁垒，中国汽车品牌在短时间内难以完全超越。

当我们在某一条赛道总是比不过别人的时候，不要总想着弯道超车，而要换一个思路，换道超车。中国就是这么干的：研制出新能源汽车，开辟了一片新天地。新能源电动汽车符合全球对环境保护的理念，在使用过程中几乎不产生尾气，对环境更加友好。在全世界范围内，中国新能源汽车的产业链以及技术的发展是最领先的。

大家是否想过这样一个问题：在新能源电动汽车里，如果没有智能驾驶这个功能，这款汽车还能好卖吗？智能驾驶意味着什么？就是用 AI 重构一台汽车。现在买汽车，除了考虑车辆的续航里程、外观设计、价格等因素外，人们大都会关注汽车的智能化程度，把智能驾驶功能作为买车的重要考量因素。因此，汽车智能化是大势所趋，所有传统汽车品牌都在想方设法进行智能化升级。

赛力斯汽车这一品牌对于多数人而言或许相对陌生。然而，鲜为人知的是，该汽车制造厂已拥有 38 年的悠久历史。在过往的三四十年间，它在中国汽车市场中"默默无闻"，直至近两年才声名鹊起，这一显著变化的关键在于其与华为合作，共同推出了智能化电动汽车。

华为刚刚开发出 AI 大模型自动驾驶的时候，需要找到合适的汽车合作伙伴来实现智驾技术在汽车场景中的落地。尽管华为找了很多知名品牌寻求合作，但是没有一家谈成。最终，华为不得已去找小品牌，赛力斯是第一家愿意跟华为合作的公司。

当时，赛力斯汽车在中国汽车行业中是一个非常小众的品牌，市场份额小，品牌知名度低，且缺乏差异化竞争优势，消费者对它几乎不了解。在汽车行业向新能源汽车转型的大趋势下，赛力斯虽然也涉足新能源汽车领域，但由于技术、产品和市场都相对较弱，面临着几乎要倒闭的风险。所以当华为抛出橄榄枝时，赛力斯马上抓住了这个机会。

2019年，双方进入实质性合作阶段，共同投入资源研发智能汽车。华为为赛力斯提供了智能驾驶解决方案、智能座舱系统、车联网技术等多方面的技术支持。例如，华为的传感器技术和算法帮助赛力斯提升了车辆的环境感知能力和自动驾驶辅助功能；在智能座舱方面，华为的鸿蒙操作系统应用到赛力斯的汽车中，为用户提供更加智能、便捷的车内交互体验，实现了车辆与手机等智能设备的无缝连接。

2021年12月，赛力斯与华为联合发布了新的智能汽车品牌——AITO问界。直至此时，赛力斯汽车才进入大众视野，并且知名度越来越高，目前已推出问界M5、M7、M9三款车型。其中M9已经站上50万元豪华车的第一梯队，相当于奔驰、宝马、保时如今，赛力斯品牌的市场价值甚至超越了一些传统的豪华汽车品牌。一个原本默默无闻的汽车品牌，为什么一上市就敢定价50万元？这得益于其核心卖点——华为的无人驾驶技术。该技术得益于安装了大模型，内置了AI。华为公司把它的AI技术赋能到这款车子上，其无人驾驶功能，让产品具有独特性和差异化，实现了产品的AI化。

这款车上市135天，销售量达到8万台，上市一年多的时间，已经卖到了15万台。

那么，这背后的逻辑是什么呢？是为这台车子装上了AI，让产品有了独特的卖点。哪怕是没有知名度的品牌，也可以因此崛起。

手机、汽车行业的智能技术变革，只是刚刚开始，为各行业树立了榜样和标杆。接下来其他行业，也必然会因为AI的介入，发生行业大洗牌、大变革。产品AI化正成为未来逐渐发展的趋势，不仅升级了产品的形态和功能，更能够改变企业的运营模式和市场竞争格局。

这场产品AI化的革命，并不只是发生在汽车、手机行业，也不只是大品牌、大公司的专利，其他各行各业，都在探索产品AI化。

第二节　各行业如何实现产品 AI 化重塑

　　未来，所有行业都会用 AI 重做一遍。这不是危言耸听，而是时代浪潮的必然趋势。AI 如同一股不可阻挡的洪流，正以前所未有的速度，重塑着世界的每一个角落。未来的行业版图，将是 AI 技术与传统行业深度融合的新天地，每一个行业都将被 AI 重新定义，焕发新的生机。

一、教育产品 AI 化，随时随地的家庭老师

　　最近发现身边不少人给家里上学的孩子买 AI 学习机，因为父母太忙，没有时间和精力辅导孩子，买 AI 学习机的初衷，就是想解决孩子学习中的痛点问题。

　　相信每个家长都有过下面这些经历，每个班级都有几十名学生，教师根本不可能做到"因材施教"，也不可能根据每个学生的学习进度、能力和兴趣来定制教学内容。结果导致学习进度快的学生"吃不饱"，觉得课程内容不够深入，而学习进度慢的学生可能会"消化不良"，跟不上学习节奏。AI 学习机会根据学生的做题情况，收集和分析学生的学习数据，智能推荐适合学生的学习内

容和练习题目。如果学生对数学的某个知识点掌握得较好，学习机就会为学生提供包含这个知识点的更有挑战性的知识和题目；如果学生对某一知识点的掌握比较薄弱，学习机则会推送有针对性的基础巩固课程和专项练习题型。相当于给孩子找了个贴身小老师，为孩子提供针对性辅导。

想象一下，如果一名教师要同时关注几十个学生，还有很多老师同时上多个班级的课程，批改几十甚至上百份学生作业，很难对每个学生的作业做到及时、详细的反馈。因此，老师在批改作业的时候，大部分只能集中在判断对错上，反馈的内容也很简单，甚至有可能是批量复制的回复。

批改作业也是 AI 的强项。AI 学习机有智能作业批改系统，可以快速准确地批改各种类型的作业。比如对于数学作业，它能够识别孩子的手写算式和答案，几乎在提交作业的瞬间就能判断对错，针对错题，它还会给出详细的解题思路和知识点讲解。过去孩子在家做作业，遇到难题时，若家长也做不出来，就会告诉他去学校问老师、问同学，现在有了 AI 学习机，这些都能自己解决。而且对于语文作文，学习机可以分析作文的结构、语法、词汇运用等多个方面，指出优点和不足，还能提供修改建议，这样学生就能够获得实时反馈，方便及时改进。

AI 学习机还有一个非常有用的特点，也是让家长们特别动心的地方：它内置丰富的学习资源库，覆盖了各个学科的课程视频、练习题、模拟试卷等学习材料，方便针对重要知识点和难点、错题反复刷题。

AI 学习机之所以如此智能化，是因为它的工作原理就是利用 AI 能力。底层基础是构建了每个学科的知识图谱，将知识用结构化形式表示它们之间的逻辑关系，再对知识进行分层和细化。

以语文学习为例，在语言知识方面，AI 学习机会划分出字词、语法、修辞等不同层次；在文学知识层面，AI 学习机会进行古代文学、现代文学等分类，每个分类下再细分具体的作家作品、体裁等。这样，AI 学习机可以更好地了解学生的学习进度和知识掌握程度，从而推荐精准的学习内容。

在学习机的智能辅导和答疑过程中，自然语言处理（NLP）技术也发挥了关键作用。当学生提出一个问题，学习机先理解问题的意思，然后在知识图谱和学习资源库中查找相关内容，生成自然流畅的回答文本，让学生更容易理解和交流。

作业批改与识别用到了 AI 图像识别技术。例如，当学生将手写的数学作业拍照上传后，学习机通过图像识别技术，将手写内容转换为机器可理解的文本格式，然后识别算式、答案等内容，与标准答案进行对比，从而判断对错。这种技术还可以用来识别教材内容，为学生提供与这些内容相关的拓展练习。

AI 在教育领域的应用，让每个学生都享受到适合自己的教育资源和学习环境，为孩子们的全面发展提供了有力支持。在 AI 时代，教育机构要想培养更多人才，就必须通过 AI 技术实现教育产品的智能化和个性化，以满足学生的学习需求。

二、医疗产品 AI 化，胜过"老中医"

在医疗健康行业，AI 同样展现出强大的生命力。

飞橙教育在发布智灵星 AI 后，除了开通讲 AI 主题的专家号，也打造了一批日常混剪号，发布了很多各行各业的 AI 创新产品的信息。其中印象深刻的是，一篇讲 AI 辅助中医诊疗产品的内容，在视频号有百万播放量的爆款，之后大半年的时间里，这个视频作品还在断断续续被大家观看，而且每周后台都会收到私信，问这款产品在哪里买、价格多少，还有要产品资料的，甚至想要代理这款产品。尽管我们只是根据媒体报道提供了一篇产品信息，但从这个情况看来，用 AI 的能力来改造传统中医，升级产品，实现诊疗产品的 AI 化，确实是一个前景广阔，需求旺盛的大市场。

为什么这个产品的需求如此旺盛？大家都知道，中医是基于经验传承，特点在于高度个性化，这就造成了标准化和规模化的局限，很多人也因为中医的这种非标准化，觉得中医不靠谱，对治疗效果产生严重怀疑甚至诋毁中医，影响了中医学的发扬光大。

但是 AI 技术的应用在很大程度上会打破这些瓶颈，提高诊疗效率和准确性。比如在中医诊断中，过去是采用人工的"望、闻、问、切"方式，不同医生的经验和专业水平不一样，就会得出不同的结论，开出不同的方子。而如果采用 AI 图像识别技术，对舌象、脉象进行精准分析，就能辅助医生更客观、准确地判断病情。

以华为推出的神农大脑为例，笔者称之为"老中医"，它甚至比老中医还厉害，因为它是将 AI 技术与中医药知识结合的一个诊疗系统，它让系统深度学习了《黄帝内经》《本草纲目》《伤寒杂病论》等书中的数万部中医典籍中的方剂、舌象、脉象图像的病例和文本数据，集成了中医药知识图谱、智能诊断、药物推荐等功能。

有了这些基础，神农大脑就可以对患者的症状、病史等信息进行分析，提供初步的诊断建议。具体步骤是：首先，患者输入自己的症状和病史后，神农大脑会在知识图谱中搜索匹配的病症模式，并结合大数据分析，为医生提供可能的疾病诊断方向；其次，它还能根据患者的年龄、性别等个体差异，从海量中医药方剂中，筛选出最适合患者的治疗方案。

在家庭用的健康管理与养生产品中，AI 健康工具也有很大的用武之地。它可以通过分析每个人的健康数据，精准辨识其体质，提供个性化的养生方案；对个人的健康状况进行实时监测与预警，方便用户及时发现自身的健康问题并提前预防；还可以根据个人健康状况，用 AI 量身定制个性化的健康管理方案。

医疗行业的产品 AI 化，不仅实现了辅助诊断和治疗，还实现了医疗资源的优化配置和医疗服务质量的提升，也让医疗资源得到更加合理的分配和利用，为患者提供更加高效、便捷的医疗服务。

三、装修服务 AI 化，颠覆传统装修服务

2023 年，笔者的一位友人计划在深圳购置一处 150 平方米、价值超过 1000 万元的房产。购房后，他开始着手进行装修，并致电询问笔者能否为其推荐一位专业的房屋设计师。笔者从微信联系人中找到了一位擅长家装的朋友，并促成了他们的合作。在进行装修之前，首要任务是设计。一般而言，制定一个 150 平方米的房子的设计方案需要一至两周的时间。然而，笔者注意到，其中最大的时间成本并非设计本身，而是沟通环节。

设计初期，需根据房屋结构，与业主深入交流需求。若业主对设计方案不满，提出诸多修改意见，设计师便需继续调整。若调整后仍不满意，则需再次修改。如此往复，一个月的时间很快便会过去。在设计阶段，若不耗费数周乃至一个月的时间进行反复沟通与调整，就很难完成令人满意的设计。房屋面积越大、价

值越高，前期沟通调整的时间可能就越长。设计师一次性通过设计方案，几乎是不可能实现的。

这反映了一个普遍存在的问题：业主往往对设计方案不满意，但又无法明确表达自己的具体需求，双方需要不断沟通、磨合。

在传统企业的设计流程中，这种情况普遍存在。仅在设计稿的打磨上就耗费了一个月的时间，最终，业主可能因无法再进行更多沟通而选择接受一个并非完美的方案。

设计师大概花了 20 天时间设计的效果图，如图 3-1 所示。朋友对此并不满意。

图 3-1　传统设计师用 20 天设计的效果图

后来，笔者又给他介绍了团队的一名技术人员，用两个 AI 作图软件花一天时间帮他做好了设计。用 AI 工具做设计，流程很简单。直接把毛坯房的图纸输入到 AI 工具里，先让 AI 工具理解房子的构建、房子的结构，再给 AI 人工智能指令，让 AI 来设计。很快，AI 就输出了两张设计图，如图 3-2 所示。

图 3-2　AI 设计做出的效果图

AI 设计的新中式风格的效果图如图 3-3 所示。

图 3-3　AI 设计的新中式风格的效果图

最后，朋友否定了原来的设计方案，选择了 AI 设计的方案，如图 3-4 所示。

图 3-4 业主最后选定的方案效果图

这是一幅由技术人员利用 AI 技术创建的效果图，尽管他们并非设计专业出身，但擅长运用各种 AIGC 工具。不到半天的时间，技术人员便完成了整个设计，且风格由客户本人自行确定。若对风格不满，只需轻点鼠标，即可轻松更换其他风格。借助 AI 工具，无论更换多少种风格，设计过程都非常简单。

据了解，家装行业已经有很多基于 AI 大模型开发的 AI 家装系统，用户只要输入房屋基本信息，如户型、面积、风格偏好（如现代简约、欧式古典、中式等）、功能需求（是否需要书房等），就能快速生成多种装修设计方案。由于数据库里存有大量装修案例，因此能为用户提供客厅、卧室等不同空间的布局和装饰建议。

以室内布局为例，AI 可以根据房间的尺寸和门窗位置，自动推荐合理的家具摆放方式。对于长方形客厅，它可能会以最大限度采光和利用空间为原则，将沙发摆放在靠近窗户的一侧，电视墙放在对面，并且会根据用户的要求，推荐相应风格的沙发和电视柜款式。

AI甚至可以驱动3D建模工具，使设计师和客户更直观地看到装修后的效果。设计师只需要输入设计参数，如墙面颜色、地面材料、家具款式等，就可以快速生成逼真的3D效果图。

在此背景下，设计技能的重要性逐渐降低，客户只要学会跟AI对话就可以了。还有一种情况就是，如果表达不出明确需求，可通过上传喜欢的家装风格图片给AI，发出提示词指令，让AI按此图片的风格设计，再基于模板进行微调，因为大部分AI系统不仅可以理解文本，还可以理解图片、生成图片。

从这个角度看，未来依赖设计费的盈利模式可能会被颠覆，因为每一家企业未来都会用AI工具来自主设计。比如你生意做大了，要更换更大的办公室，你可以用AI给自己的办公室装修做设计，如图3-5所示。

AI做出来的效果图看起来跟人工设计的没有区别。因此，有时候办公室装修，只需要一张整体的框架图就够了。所以，笔者认为未来靠设计费盈利的企业将会被AI颠覆，如图3-6所示。

因为未来大部分设计会变成免费的，除非是顶级的设计。所以，未来的设计师都应该是顶级的设计师，且每一个设计师都会

办公室（现代风格）

图 3-5 AI 设计的办公室装修效果图

图 3-6 AI 颠覆传统盈利模式

用 AI 设计效果图，这样原本需要两三天才能完成的设计，可能两个小时就搞定了。

以上只谈到在装修行业的前期设计阶段，可以实现设计 AI 化，实际上，在整个家装服务全链条中，AI 都可以发挥作用。

在施工阶段，AI 系统可以根据装修项目进行任务分解，如拆解工程、水电改造、泥瓦工程、油漆工程等各个环节的先后顺序和预计工期，实时监控施工进度。

实现方式是通过传感器和智能设备收集施工现场的数据，包括工人的出勤情况、设备的使用时间等信息。如果水电改造工程预计需要 5 天完成，而在第 3 天的时候，AI 系统发现进度滞后，它就会及时提醒项目经理，分析可能导致延误的原因，如材料供应不足或者工人调配存在问题，并提出相应的解决方案，如加快材料采购流程或者增加施工人员。

与此同时，在客户端，业主也可以通过 App 了解自己家的装修进度，减少不必要的纠纷。

当房子装修完工，在现场验收环节，AI 的视觉技术也可以用于检测施工质量。其实大部分业主对装修质量的检测并不专业，这可能会导致后期出现装修返工方面的纠纷。

有一种 AI 检测技术可以专门用来监测和检测装修质量。如果业主发现某侧墙面不够平整，就可以拍摄墙面或瓷砖表面的图像，上传到 AI 系统，AI 系统可以通过分析图像中的纹理、缝隙等特征，对墙面平整度、瓷砖铺贴质量进行检查，从而判断质量有什么问题。因为对于墙面平整度的检测，AI 可以精确到毫米级别，从而发现肉眼难以察觉的凹凸不平。如果发现瓷砖铺贴的缝隙宽度不一致或者瓷砖有破损，AI 系统就会及时发出警报。

四、旅游产品 AI 化，出行便利"一条龙"

AI 兴起后，我们的出游方式也发生了极大改变。当传统旅游平台还在用从前的方式揽客时，行业新人已经盯上了"AI+旅游"这块巨大的"蛋糕"，正在用全新的方式吸引新生代用户。

从前面讲到的教育、医疗、家装行业的例子中可以发现，AI 应用的基本逻辑是进行大模型+行业数据训练，就可以实现底层行业的产品或服务的 AI 化改造。湖南一家旅行公司所做的事情就是遵循了这个逻辑。该公司成立于 2021 年，希望通过 AI 技术做一家与传统旅游模式不同的新型旅游互联网公司，重点目标是针对 Z 世代，也就是 1995 年到 2009 年出生的那一波人，这代人一出生就与互联网无缝对接，被称为"互联网原住民"，他们习惯从网上获取信息并购买需要的东西，旅游出行更喜欢自由行方式。

这家公司的思路是改变传统旅行社依赖线下门店或传统广告的获客方式，他们先是对接整合了各种目的地资源，然后在抖音等新媒体平台上发布吸引人的旅游视频、文章等，用优质的旅游内容吸引消费者，激发用户产生到某地旅游的兴趣。同时根据旅游流程把旅游产品的各个服务单元拆解到最小，细化到摆渡车、酒店、景点门票、旅拍等，再把自由行用户的需求和目的地的服务资源进行有效匹配，为用户提供个性化的动态组合产品。

在做好了以上基础工作后，把这一切串联起来的关键动作就出现了。他们在 GPT 的基础上研发了一个在小程序上运行的旅游 AI 系统，用户对手机讲出需求，比如"给我规划一家三口去澳门旅游的三天行程"，一份完整、详细的适合以上家庭的澳门旅游攻略就会很快生成，包括行程规划、购物、目的地履约，甚至旅游内容分享等整合化服务，还能一键下单酒店、门票等行程商品，就像一位旅行管家。这样一来，游客再也不用在社交媒体上搜攻略、设计路线，也无须在不同的平台订机票、订酒店、买门票，大大节省了游客的时间和精力。

用户注册后，AI 算法还会分析该用户的历史搜索、预订数据和评价信息，继续为用户推荐更符合其偏好的景点、酒店、餐厅等，并规划出详细的行程安排。

除了拓展国内市场，这家公司还通过整合海外目的地旅行社的资源，拓展了新加坡等东南亚市场，逐步渗透全球市场。

对于国际游客来说，语言障碍是一个常见的痛点。现在，AI 技术已经可以提供实时的多语言翻译服务，AI 可以自动将讲话内容翻译成游客所需的语言，让游客与当地的人员无障碍沟通。

总的来说，AI 已经在旅游产品中有了明显的发展成果，为旅游行业的数字化转型和 AI 化升级提供了新的思路和解决方案。

五、消费电子产品 AI 化，带来全新的升级体验

消费电子、家电等作为智能软件的硬件载体，是在智能化上做得最早、应用最深的产品类目，先后出现了 AI 电视、AI 冰箱、AI 音箱、AI 手表、AI 台灯、AI 窗帘等众多智能家居产品，只不过局限于过去的智能化水平，并没有实现引人注目的、突破性的进展。

在生成式 AI 爆发后，电子产品再次迎来创新发展的机会。比如人人都离不开的耳机，已经被很多 AI 厂家盯上。耳机市场是一个巨大但竞争饱和的红海市场，大小品牌众多，产品同质化严重，无论在外观设计、功能特点方面都卷到了极致，缺乏明显的差异化，价格竞争更是激烈，尤其中低端耳机的利润不断压缩，一些品牌甚至以接近成本价的价格销售产品。在这种情况下，耳机厂家都在寻找新的差异化机会，AI 无疑是产品最佳的升级方向。

目前，AI 耳机市场竞争非常激烈，各路厂商纷纷跟进，既有传统老品牌比如 Cleer、塞那（SANAG）、飞利浦，也有新兴耳机品牌，还有科大讯飞等跨界类型的科技公司。各路厂商的智能耳机产品在 AI 功能和体验上各有差异，但都具备一些共同功能，例如，随时随地都能进行的 AI 聊天、翻译、录音摘要等。

如字节跳动旗下的智能助手豆包，在 2024 年 10 月发布了一款

智能 AI 耳机，这款售价 1199 元的产品，还不算是字节跳动"跨界打劫"，因为这是字节跳动全资收购的耳机品牌 Oladance 的原开发团队打造的。因为产品主导权在豆包团队，所以整个开发重点都围绕豆包 AI 展开。这款耳机在硬件设计上采用耳挂式的半入耳设计，其核心卖点是它的 AI 陪聊功能。你可以随时跟它聊天和问答，尽情与它分享你的想法和感受，它能像朋友一样倾听和对话。你也可以询问它各种问题，获取知识和信息。无论是日常生活中的琐事，还是专业领域的问题，它都会为你提供满意的回答。豆包耳机还能够通过情感分析技术，感知用户的情绪变化，给予适当的安慰和鼓励。

如果你想练习英语口语，它还可以充当你的英语"陪练"，随时与你进行日常口语对话，提高你的英语听说能力。

除了问答交流，豆包耳机也能够根据你的喜好，推荐个性化的音乐、新闻、播客等内容，实现定制信息的效果。

如果你是旅行爱好者，它还可以当你的"陪游"。在旅途中，你可以通过耳机向 AI 朋友询问景点信息、路线规划、美食推荐等，获得旅行建议和帮助。

小小耳机整合了 AI 后，能力得到了巨大跃升，产生了新的价值，高溢价自然就实现了。所以 AI 出现后，每个传统行业都会得到新的发展机会，即便是在红海市场，也能靠产品 AI 化创新得到新的机会。

六、玩具 AI 化，传统产品爆发新价值

AI 时代，一个产品微小的改变，可能引发一场革命性的飞跃。即使是一个看似不起眼的玩具，也可能会摇身一变，创造奇迹。

以往一个机器人玩具，最多唱一首歌给小朋友听，现在给机器人玩具装上 AI，它会有什么变化呢？

笔者去深圳出差，抵达深圳机场 T3 航站楼时，在 50 号登机口附近的一家店铺内，偶遇了一个颇为新奇的"阿尔法狗"。这个与众不同的"狗"具备与人流畅对话的能力，这得益于其内置的 GPT 大模型，无论你提出何种问题，它都能对答如流。

一般而言，普通电子狗的市场价格大多不超过 1000 元，然而这只融入了 AI 技术的"狗狗"身价倍增，售价高达 2.6 万元！如此高昂的定价，无疑为企业带来了可观的利润。这启示企业的领导者，应避免产品同质化，要积极寻求创新。给产品注入新的活力，运用 AI 技术对产品进行重构，是 AI 时代的全新策略与理念。这样我们才能在激烈的市场竞争中脱颖而出，赢得更多的市场份额。

想象一下，在一个阳光明媚的午后，你走进一家普通玩具店，在琳琅满目的商品中，一只毛绒小熊安静地"坐"在角落里，等

待着它的命运被改写。这只小熊和千千万万只普通的毛绒玩具一样，有着柔软的毛发和温暖的怀抱，但不同的是，它的身体里藏着一个不为人知的秘密——一颗小小的 AI 芯片。

在这个快节奏的社会里，十元钱能买什么？或许只是一杯咖啡，或是一包零食。然而，在某家工厂里，十元的成本却能创造出一个拥有无限可能的毛绒玩具。设计师决定给这些平凡的玩具注入灵魂，让它们不再只是静静"躺"在货架上的商品，而是能够陪伴孩子成长、倾听他们心声的伙伴。

于是，一场科技与温馨的融合大戏悄然上演。工程师们小心翼翼地将先进的 AI 芯片植入每一个毛绒玩具之中，就像是给它们安装了一颗跳动的心脏。这颗"心脏"不仅能够使玩具识别声音、理解语言，更重要的是，它赋予了玩具与人交流的能力。

当孩子们轻轻抱起这只毛绒小熊，对着它说出心中的秘密或愿望时，小熊竟然能够回应他们。它用温柔的声音讲述着睡前故事，解答孩子们天马行空的问题，甚至还能根据孩子们的情绪变化给予安慰或鼓励。这样的场景，仿佛是从童话书中跳出来的一样，让人难以置信，却又温暖人心。

"你好，我叫熊熊，很高兴认识你！"每当这句充满童趣的问候响起，都意味着一个新的友谊故事即将开启。孩子们不再孤单，因为他们有了一个能够理解他们、陪伴他们，可以随时与他们交流对话的朋友。而对于这家工厂来说，这次大胆的尝试不仅让它的产品焕发新生，更在市场中掀起了一股 AI 玩具的热潮。

在 AI 落地消费品领域的场景中，能为孩子提供情绪价值的幼教玩具是一个非常有想象力的领域。它让原本"沉默"的毛绒玩具开口说话、与孩子互动。通过手机 App，家长还可以把毛绒玩具设置成孩子喜欢的角色，如小猪佩奇、米老鼠等，并且可以根据孩子说话的情绪调整毛绒玩具回答的语气。

如此一来，一个生产毛绒玩具的工厂，只要拥抱 AI、实现产品 AI 化，就能产生惊人的溢价。原本一个毛绒玩具的生产成本可能也就十元左右。但是，在这个毛绒玩具里装上一个 AI 芯片，给这个芯片输入大量儿童对话的语料、儿童动画片素材等，用这些精选的数据塑造毛绒玩具的灵魂，它就会变得有灵性。其价格就提高了几倍，甚至十几倍，这就是产品 AI 化给商家带来的巨大价值。

因此，这场毛绒玩具的 AI 化革命，不仅是一次技术的突破，更是一次心灵的触碰。毛绒玩具具备这个优势，因为它天然的减压作用和柔软的材质带来的情绪价值，不仅能惠及小孩，还能惠及成年人。

但实际上，对于那些掌握大模型能力的互联网大厂或者硬件大公司来说，将 AI 技术应用于毛绒玩具这一场景可能显得太局限，而普通玩具厂商虽然有生产能力，却没有大模型技术能力，所以能够把这二者结合起来的商家，才有机会得到这个大市场。

科技不是冷冰冰的数据和算法，融入了爱与关怀的科技，就能创造出无限可能，温暖每一个需要陪伴的心灵。玩具的 AI 化可以说市场前景无限。

七、企业培训产品 AI 化，赋能教培更易落地

众所周知，笔者一直深耕企业短视频获客的培训领域，更准确地说，是互联网获客的培训领域。这是因为我们的创始团队拥有从事互联网营销实战工作的经验，在这个基础上笔者才能专注于企业培训。当今时代，互联网流量最大的地方依然是短视频平台，因此，近年来我们聚焦于短视频培训领域，致力于为企业提供高效、精准的获客策略。

对我们来讲，课程就是产品，但短视频培训课程，不像那些思维策略层面的课程，更偏应用落地，为了使学员学完课程后能够真正受益，我们在短视频课程里融入了 AI 应用的知识点，课后再用 AI 系统辅助课程落地，做到了产品上的全链路创新。AI 产品的创新不是颠覆，而是用新的东西去重构。因为颠覆一个东西很难，而重构比较简单。

老话常说"老瓶装新酒"，其实就是重构。遵循这个逻辑，你

就有机会。创新不需要太复杂，往往就是把不同的事物整合在一起，比如传统产品+AI就能释放出创新爆发的巨大威力。

以上列举的产品AI化企业，只是一部分代表性企业，既然未来所有行业都会用AI重做一遍，那么无论公司大小，无论经营什么产品，围绕这一理念，行业都有再造的机会。产品AI化的共同特征，主要体现在以下几个方面。

①个性化：分析用户的行为、偏好、历史数据等信息，为每个用户量身定制专属的产品体验或服务内容，让用户感受到产品或服务是为自己"特别打造"的，从而提高用户的满意度和忠诚度。

②实时交互：利用自然语言处理、语音识别等技术实现便捷的人机交互，让用户可以用自然的语言方式获取信息或寻求帮助，无须复杂的操作，省时省力。

③自动化操作：将一些重复性、规律性的任务交给AI完成，不仅能减少人力成本，还能提高处理速度和准确性，让员工有更多精力投入到更具创造性的工作中。

④附加值：为传统产品或服务赋加AI新功能，提升产品价值，提高溢价，同时吸引更多消费者，从而在竞争激烈的市场中脱颖而出。

总之，产品AI化是时代赋予我们的机遇与挑战。在这个万物皆可 AI 化的时代，只有紧跟潮流、勇于创新，才能在激烈的市场竞争中脱颖而出。

终极的商业竞争是看谁的效率高。国家提出要使用"AI+"，无疑是在向各行各业的企业家们发出号召：要积极拥抱"AI+"，用 AI 方式重构其所处的行业、服务和经营模式。

十年前，国家提出"互联网+"战略。充分享受过"互联网+"红利的企业，已经取得了长足的进步。然而，"互联网+"的红利已经消失，现在国家提出的"AI+"将是对原有业务模式的一次全面革新，将释放出前所未有的生产力，为企业带来新的发展机遇。

第四章

AI+营销：

AI 让营销全方位提速增收

"

在当今数字化时代，AI 与营销的结合正在颠覆传统营销活动。AI 为企业提供了更高效、精准和个性化的营销手段，帮助企业提升营销效果、降低成本、增强客户体验，从而在激烈的市场竞争中获得优势。

AI 技术能够深度分析用户行为数据、兴趣偏好及市场趋势，为营销内容创作提供智能化指导。借助大数据与机器学习算法，AI 能够构建出极其精细的用户画像。这些画像不仅包含用户的基本信息，如年龄、性别、地域，它有助于企业深入挖掘用户的消费习惯、心理特征、社交关系等多维度信息。基于这些画像，营销可以实现个性化推荐，从而极大地提高获客效率和转化率。

"AI+营销精准获客"正在以前所未有的方式重塑着市场营销格局。

第一节　AI 赋能营销：精准定位市场，高效产出内容

　　成功的企业营销，离不开正确的定位、深入的市场调查、产品趋势预测、有效的推广引流等一系列营销活动。如今，借助 AI，以上活动都变得极其高效。

一、AI 如何赋能企业营销

　　笔者的一位学员潘总，来自河北邯郸的小县城，和老公经营着一家米线店，如图 4-1 所示。在借助 AI 工具，她使濒临倒闭的米线店起死回生，生意兴隆，还计划扩张门店，她是怎么做到的呢？

　　这家米线店看起来非常不起眼，一开始员工只有夫妻两人。这对夫妻很不容易，他们家曾发生过一起煤气爆炸事故，她老公 80% 的皮肤被烧伤，她本人 20% 的皮肤被烧伤。

　　她曾因为这一事件彻底崩溃。

　　一次偶然的机会，她在抖音上刷到了笔者的视频，看到了希望，就从河北邯郸跑到深圳来听课，学习短视频营销获客。

图 4-1　学员潘总开在小县城的米线店

1. 经营好店的三个关键点

潘总学成归来便迅速付诸实践，时至今日，她的门店已走出负债累累、亏损连连的困境，实现了盈利，并且扩大规模，新增了四名员工。在河北一个小县城，她竟能慷慨地为员工提供超过 8000 元的高薪。

她坦言："如今，我每月在支付完家庭所有开支、员工薪资及公司运营费用后，仍能有两三万元的结余。"

这家店的大部分客源来自抖音平台。而这位老板娘，一人身兼数职，不仅要亲自下厨烹饪美食，还要负责拍摄短视频、运营七个抖音账号，忙得不可开交。她在小县城内积极开展宣传、推广引流活动，将生意做得风声水起。

想把一家店经营好，绝非易事。最起码要解决三个问题：第一，流量的问题；第二，确保食品安全、好吃；第三，兼顾性价比。这就是经营好一家店的三个关键点，如图4-2所示。

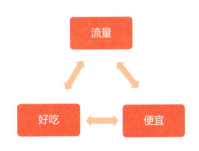

图4-2　经营好一家店的关键点

2. 用 AI 来做短视频文案引流

AI 如同一位得力助手，助力潘总实现了原本难以达成的目标，将店铺从亏损的泥潭中拯救出来，步入了盈利的快车道。不仅如此，她还怀揣更大的梦想，计划在全国范围内开设分店，进一步拓展事业版图。这华丽转身得益于 AI 技术的深度介入与赋能。

那么借助 AI，她的文案是怎么写的？她的短视频是怎么拍的？

首先，她拍每一条短视频前，都要先用 AI 生成文案；其次，把文案导进手机，围绕这篇文案，一边煮米线，一边讲解，拍成短视频；最后，把短视频发布到抖音上，得到了不错的播放量、点赞量、评论量，如图4-3所示。

图 4-3　把 AI 文案拍成视频

几乎每一条短视频文案，她都会先用 AI 写好，如图 4-4 所示。

图 4-4　用 AI 每天做不同类型文案

3. 用 AI 生成店面 LOGO

然而，潘总的目标还不止于此。在成功运营单店后，她曾与笔者深入探讨过她的商业模式，表达了开设第二家、第三家乃至更多家全国分店的愿望。为实现这一目标，她计划借助 AI 技术来分担繁重的工作负担。她向笔者提出希望能注册一个商标，并探讨是否可以利用 AI 技术来设计这个商标。鉴于她并未配备专职美工人员，我们随即利用 AI 图像设计工具，迅速为她设计了几款商标方案，如图 4-5 所示。

图 4-5　用 AI 生成的店面 LOGO

最后，潘总选择将第一个图案作为门店的商标。

不管潘总的连锁经营梦想最终能否实现，她在创业道路上一旦树立了梦想，便立即采取了行动的做法是值得肯定的。这说明只要有想法，并且勇于将其付诸实践，那么无论何时开始都不晚。若一个人仅停留于空想，而不付诸行动，那么再好的构想都无法实现。

这个例子告诉我们，虽然生成式 AI 推出的时间不长，还在发展初期，但是它已经显示出足够强大的生产力，改变了每一个愿意积极拥抱它、应用它的人。

二、AI 营销的能力

AI 在营销中的能力，主要体现在以下几方面。

1. 分析市场需求

如果你是亚马逊卖家，想要开发一款电子产品，可以通过 AI 工具，结合提示词，对亚马逊平台上该类产品的顾客评论进行深度分析，快速提取出消费者对该类产品的满意点、抱怨点等信息，结果发现消费者普遍对其电池续航能力不满意，并多次提到某些户外使用场景。这就为卖家指明了方向，即开发具有更强续航能力的电子产品，并在对外宣传时特别针对这些户外场景进行说明。

以字节跳动旗下的 AI 工具豆包为例，输入一款儿童玩具车的评论页面网址，并提供一段提示词："提取评论信息，该产品的优点和不足进行简要总结，并显示每类评论出现的次数。"豆包可以立即作出总结，如图 4-6 所示。

这样，企业就可以在借鉴或保留产品优点的基础上，针对评论中普遍反映的"尺寸较小""功能单一""声音问题"和"包装欠佳"的问题，选择性地进行重点优化，将优化后的产品推向市场，极有可能成为爆款。

提取评论信息，对该产品的优点和不足进行简要总结，并
显示每类评论出现的次数

优点

1. **吸引孩子**：多次提到孩子非常喜欢这款玩具，一拿到就迫不及待地玩，如"我儿子一看到就爱上了，玩得停不下来"等表述，约占评论总数的 30%（约 245 次评论提及）。

2. **外观精美**：对车辆的外观设计、颜色和发光效果给予好评，像"卡车造型很酷，颜色鲜艳，车轮发光特别炫"等描述，约占 25%（约 204 次评论提及）。

3. **质量可靠**：反映玩具质量坚固，经摔打后仍能正常使用，电池续航能力也不错，例如"摔了几次都没坏，质量很棒""电池挺耐用的"等评论，约占 20%（约 163 次评论提及）。

4. **玩法简便**：强调操作简单，孩子容易上手独自玩耍，如"宝宝自己就能玩得很开心，操作太简单了"等话语，约占 15%（约 123 次评论提及）。

5. **性价比高**：认为产品价格实惠且孩子喜欢，物有所值，如"价格很划算，孩子又这么喜欢，超值"等评价，约占 10%（约 82 次评论提及）。

不足

1. **尺寸较小**：指出玩具实际尺寸比想象中小，如"感觉比图片上看起来小很多"等评论，约占 35%（约 286 次评论提及）。

2. **功能单一**：反馈玩法较少，孩子玩一段时间后容易失去兴趣，像"玩法有点单调，孩子玩久了就不想玩了"等表述，约占 30%（约 245 次评论提及）。

3. **声音问题**：提到声音过大且不能调节，比较吵闹，例如"声音太大了，还不能调小，有点吵人"等评论，约占 20%（约 163 次评论提及）。

4. **包装欠佳**：反映包装简陋，在运输过程中容易损坏，如"包装太简单了，收到的时候盒子都破了"等话语，约占 15%（约 123 次评论提及）。

图 4-6   利用 AI 工具做产品调研

像这样的评论区数据挖掘分析，在过去要么靠人工低效收集分析，要么需要高价购买第三方数据分析工具，现在用 AI 能够快速实现，且成本较低。

除了调研产品，也可以直接通过 AI 了解竞争对手的情况。比如，如果你想进入盲盒市场，你需要了解市场上目前有哪些主要的竞品，你可以这样问 AI："汇总国内品牌、市场份额、各自定位、

产品特点和价格区间。"，AI 很快会给你呈现 10 个品牌的相关信息，如图 4-7 所示（部分）。

汇总国内做盲盒产品的10大品牌，市场份额及各自细分定位、产品特点和价格区间

以下是国内一些比较知名的盲盒品牌相关信息，但盲盒市场动态变化，市场份额数据也会随时间波动，以下数据仅供参考：

1. 泡泡玛特（POP MART）

- **市场份额**：在国内盲盒市场占据较大份额，是行业的领先者之一。
- **细分定位**：主要面向年轻消费群体，尤其是潮流文化爱好者、动漫迷等。其产品系列涵盖了众多知名 IP，如 Molly、DIMOO、Labubu 等，通过与全球各地艺术家合作，打造具有独特艺术风格和收藏价值的盲盒产品。
- **产品特点**：设计精美，注重细节和创意，每个角色都有鲜明的个性和故事背景。产品材质和做工精良，包装也具有较高的吸引力，增加了消费者的开箱体验。
- **价格区间**：常规盲盒价格一般在 59～89 元，部分限量版、特别款或大型手办盲盒价格会更高，可达数百元甚至上千元。

2. 52TOYS

- **市场份额**：是国内盲盒市场中具有较高知名度和市场份额的品牌之一。
- **细分定位**：定位于泛娱乐文化领域，目标受众广泛，包括动漫爱好者、潮流玩具收藏者以及对创意产品感兴趣的消费者。旗下拥有多个原创 IP，如 BEASTBOX（猛兽匣）、Kimmy&Miki 等，同时也获得了一些知名动漫、影视等的授权，推出相关盲盒产品。
- **产品特点**：产品多元化，既有可爱风格的人偶盲盒，也有机械变形类等特色产品。注重产品的可动性和可玩性，例如 BEASTBOX 系列盲盒可以变形为各种形态，增加了产品的趣味性和互动性。
- **价格区间**：普通盲盒价格大多在 59～79 元，部分具有特殊功能或限量的产品价格会有所上浮，一般在 100～200 多元不等。

3. 若来（Rolife）

- **市场份额**：在盲盒市场中占据一定的份额，尤其在古风、文创类盲盒领域表现突出。
- **细分定位**：专注于古风文化和文创领域，吸引了众多古风爱好者、文艺青年以及喜欢传统文化元素的消费者。其产品融入了大量中国传统文化元素，如古代服饰、建筑、传统手工艺等，打造出具有中国韵味的盲盒系列，如 "Nanci 囡茜" 系列等。
- **产品特点**：设计风格独特，以细腻的笔触和精美的造型展现古风之美。产品注重文化内涵的传递，每个盲盒角色都与传统文化故事或元素相关联，具有一定的教育和文化传播价值。
- **价格区间**：常见盲盒价格在 59～69 元，一些特别款或限量版的产品价格可能会达到 100～150 元左右。

图 4-7　利用 AI 工具做竞品公司调查

对于市场调查这种决定经营方向的重要营销行为，笔者通常会把同样的提示词向多个 AI 工具进行询问，比如用以上提示词问 Kimi，将两个 AI 的结果进行对比，拓展思路。

Kimi 会用更加直观的方式一次性展现其获取数据的来源网址。针对"汇总国内做盲盒产品的十大品牌，市场份额及各自细分定位、产品特点和价格区间"的提问，Kimi 的答案显示来自如图 4-8 所示的搜索结果。

图 4-8　Kimi 答案的数据分析来源

既然 AI 可以一次性广泛获取公开的网页信息进行结构化处理，我们在做市场调查的时候就可以把这一功能发挥到极致。同样以做外贸出口为例，如果你是做汽配出口行业的，想开拓非洲市场，那你可以直接询问 AI：“我做汽配出口，帮我找十个非洲进口汽配的公司，包括公司名、城市、产品、规模、联系方式，用表格呈现。”

注意，由于 AI 可以输出表格，所以对于这种包含多维度或多元素的答案，可以在提示词中增加用表格呈现的要求，让信息搜索结果更加直观和清晰。豆包 AI 呈现中的结果如图 4-9 所示。

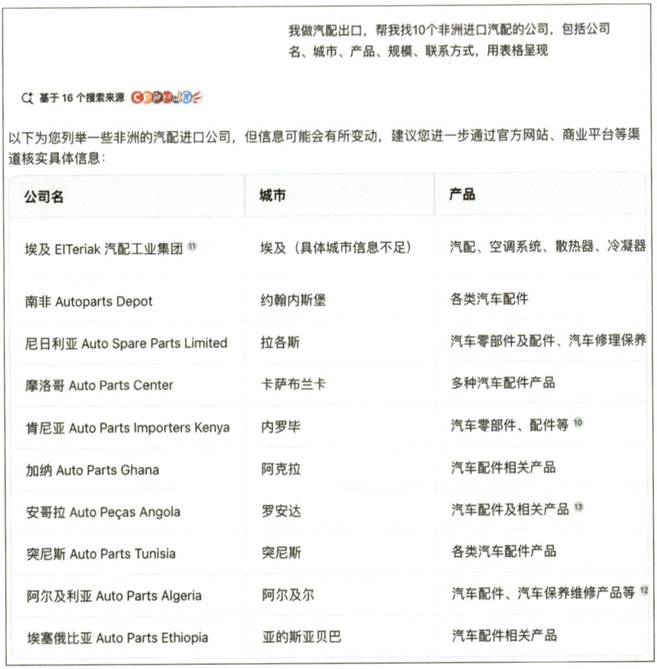
我做汽配出口，帮我找10个非洲进口汽配的公司，包括公司名、城市、产品、规模、联系方式，用表格呈现

基于 16 个搜索来源

以下为您列举一些非洲的汽配进口公司，但信息可能会有所变动，建议您进一步通过官方网站、商业平台等渠道核实具体信息：

公司名	城市	产品
埃及 ElTeriak 汽配工业集团 [11]	埃及（具体城市信息不足）	汽配、空调系统、散热器、冷凝器
南非 Autoparts Depot	约翰内斯堡	各类汽车配件
尼日利亚 Auto Spare Parts Limited	拉各斯	汽车零部件及配件、汽车修理保养
摩洛哥 Auto Parts Center	卡萨布兰卡	多种汽车配件产品
肯尼亚 Auto Parts Importers Kenya	内罗毕	汽车零部件、配件等 [10]
加纳 Auto Parts Ghana	阿克拉	汽车配件相关产品
安哥拉 Auto Peças Angola	罗安达	汽车配件及相关产品 [13]
突尼斯 Auto Parts Tunisia	突尼斯	各类汽车配件产品
阿尔及利亚 Auto Parts Algeria	阿尔及尔	汽车配件、汽车保养维修产品等 [12]
埃塞俄比亚 Auto Parts Ethiopia	亚的斯亚贝巴	汽车配件相关产品

图 4-9　用 AI 工具调查海外市场

接下来，你可以单独针对以上公司，询问 AI，获取详情介绍，比如针对表格中的南非 Autoparts Depot 这家公司，你继续追问，豆包没有获得更多信息，那就询问 Kimi，它给出的答案包含了联系方式，如图 4-10 所示。

图 4-10　用 Kimi 工具调查海外竞品公司

这样的方式，相比于你将以上公司的关键词在搜索引擎搜索后再自己总结，效率要高很多。所以 AI 在很大程度上替代了我们过去的搜索行为。

常见的海外市场调查，还涉及调查目标市场的产品偏好，如果你想主攻南非市场，不妨继续询问 AI 如下问题："最近三年十个南非市场进口汽配的产品类目，按从高到低排序，给我细分产品名称和进口价位。" AI 会给出如图 4-11 所示的详情。

最近3年南非市场进口汽配的产品类目，按从高到低排序，给我10个细分产品名称和进口价位

Ｑ 基于 13 个搜索来源

以下是根据相关信息和市场情况整理的南非市场最近 3 年进口汽配的产品类目及大致进口价位（仅供参考，实际价格可能因品牌、质量、规格等因素有所不同）：

1. **轮胎**：
   - 轮胎是南非汽配市场进口量较大的产品之一。普通轿车轮胎进口价位在每条 2000 兰特（约合人民币 800 元）至 5000 兰特（约合人民币 2000 元）不等；高性能轮胎或特殊规格轮胎价格会更高，可能达到每条 8000 兰特（约合人民币 3200 元）甚至更高。

2. **制动系统部件（如制动片、制动盘、制动鼓等）** [10]：
   - 制动片：常见的进口制动片价格每副在 500 兰特（约合人民币 200 元）至 2000 兰特（约合人民币 800 元）左右，高性能的制动片价格更高。
   - 制动盘：进口制动盘的价格根据车型和尺寸不同有所差异，一般在 1000 兰特（约合人民币 400 元）至 5000 兰特（约合人民币 2000 元）之间。
   - 制动鼓：进口制动鼓的价格相对较为稳定，大约在 800 兰特（约合人民币 320 元）至 3000 兰特（约合人民币 1200 元）。

3. **发动机及部件** [3]：
   - 发动机总成：进口的普通轿车发动机总成价格在 20000 兰特（约合人民币 8000 元）至 80000 兰特（约合人民币 32000 元）左右，高性能发动机或特殊型号的发动机价格会更高。
   - 发动机零部件，如活塞、曲轴、凸轮轴等，价格根据不同的车型和品牌有所差异，活塞的价格可能在每个 500 兰特（约合人民币 200 元）至 2000 兰特（约合人民币 800 元），曲轴的价格在 3000 兰特（约合人民币 1200 元）至 10000 兰特（约合人民币 4000 元）不等。

4. **火花塞** [8]：
   - 普通的进口火花塞价格每支在 50 兰特（约合人民币 20 元）至 200 兰特（约合人民币 80 元），高性能的铱金或铂金火花塞价格可能在每支 300 兰特（约合人民币 120 元）至 500 兰特（约合人民币 200 元）。

5. **滤清器（空气滤清器、机油滤清器、燃油滤清器等）** [7]：

图 4-11　用 AI 工具调查目标市场的产品需求

用同样的方式，AI 还可以帮企业分析竞争对手的情况，只需输入竞争对手网站的网址，写出要求，你就可以马上获得该公司的相关信息总结，哪怕你是做外贸出口的，直接输入外语网址，AI 也能用中文输出调查结果。

2. 绘制客户画像

确定了公司定位之后，需要进一步针对目标客户做人群画像描述分析，才能使推广更加精准。人群画像通常从四个维度展开：客户类型、人口统计、兴趣爱好、行为方式。这四个维度都可以通过 AI 来实现。

例如，针对客户类型，如果你是做高端服装定制的，你可以向 AI 描述产品的特点和面向的人群，让 AI 帮你写出客户所在的行业，使你接下来的营销推广更有针对性。参考提示词："我是做高端服装定制的，针对大型公司的服装定制采购，帮我列出十个客户行业关键词及一句话介绍。"AI 给出的参考回答如图 4-12 所示。

3. 预测客户需求

基于历史数据，AI 不仅能够总结过去的信息，还能根据数据预测客户未来的需求。比如，在"双十一"来临之前，AI 可以根据某款产品过去几年在"双十一"期间的购买数据，预测什么样的产品会在今年畅销，以及哪些客户有较高的购买可能性，让营销人员提前做好库存准备和营销策划。

1. **金融行业**
   - 介绍：金融机构如银行、证券等公司，形象要求专业、稳重、高端，服装定制注重品质和细节，体现严谨和信赖感，常以经典的西装套装、制服连衣裙等为主，颜色多选择深色系。
2. **互联网科技行业**
   - 介绍：像互联网巨头和科技初创公司，他们追求创新与个性，服装定制既要展现公司的科技感和创新精神，又要符合员工年轻化的风格，可能会融入一些潮流元素，如带有科技感图案的衬衫、休闲西装等。
3. **高端制造业**
   - 介绍：高端制造企业包括汽车制造、精密仪器等行业，定制服装要考虑工作环境的安全性和实用性，同时展现企业的实力和高端品质，例如防静电工作服、耐磨的工装裤，且外观设计要简洁大方。
4. **酒店餐饮行业**
   - 介绍：酒店和餐饮企业对员工服装的美观性和舒适度要求较高，服装定制要与企业的装修风格和服务定位相匹配，像五星级酒店的员工制服会注重面料质感和设计的典雅，餐厅员工制服可能会根据菜系风格而定制不同款式。
5. **航空航天行业**
   - 介绍：航空航天企业形象代表高科技和专业性，服装定制需要满足行业的特殊要求，如防火、防静电等功能性，同时要展现企业的高端形象，制服设计通常简洁而富有科技感。
6. **传媒广告行业**
   - 介绍：传媒广告公司员工通常富有创意和个性，服装定制倾向于体现时尚、创意和艺术感，能够展现公司的活力和创造力，可能会采用大胆的色彩、独特的剪裁或者印有创意图案的服装。
7. **医疗行业**
   - 介绍：医疗机构对服装的功能性和卫生要求极高，医护人员服装要便于操作、易于清洁消毒，同时也要考虑患者的感受，给人以专业、亲切的形象，例如舒适的手术服、护士服等。
8. **教育行业**
   - 介绍：学校、教育机构等的服装定制需要体现教育工作者的专业性和亲和力，款式上以端庄大方为主，同时也要考虑不同教育场景的需求，如运动服用于体育教学，正装用于会议等场合。
9. **能源行业**
   - 介绍：能源企业包括石油、电力等行业，服装定制要考虑工作环境的安全性，如防油污、防电等功能，同时要展现企业的稳健形象，制服颜色可以耐脏的深色为主，款式注重实用性。
10. **政府机关及事业单位**
    - 介绍：政府机关和事业单位的服装定制强调规范性和严肃性，要符合工作场合的礼仪要求，展现公正、廉洁的形象，服装款式多为传统的制服套装，颜色选择也较为庄重。

图 4-12　用 AI 工具规划目标客户分类

　　例如，针对蛋白粉这一产品，询问 AI："我是做蛋白粉保健品的，根据过去"双十一"蛋白粉的销售情况，含销量前五产品及其价格，帮我预测 2024 年"双十一"蛋白粉的爆款产品及价位。"

AI随即给出一份较长的市场报告，最终结论如下：

……综合以上因素，2024年"双十一"爆款蛋白粉产品可能是具有创新成分（如添加胶原蛋白、超级食物蛋白等）、满足新兴健身需求（如户外健身、功能性健身）、品牌有一定知名度或者是联名合作的产品。价位方面，根据产品的功能、品牌和目标消费群体，爆款产品的价格可能集中在中等偏上的区间，如150~300元/罐，部分具有高附加值的产品价格可能会达到300~500元/罐。不过，这只是基于过去销售情况和市场趋势的预测，实际情况还需要结合更多的市场调研和营销活动来确定。

在市场调研方面，AI能高效帮助企业获取到相关信息以辅助决策，而营销获客是AI的另一大核心能力。

客流是所有企业赖以生存和持续增长的生命线，过去企业在传统渠道推广时，获取客流最重要的是占领某个渠道和地段；现在通过互联网做推广和传播，核心是依托某个大流量平台，持续不断地输出能够打动潜在客户的优质内容，以获得平台的流量。

第二节　AI+短视频运营：AI 如何帮助企业实施短视频获客

用 AI 做短视频，前提条件是要足够了解短视频平台的规则。因为只有了解规则，才能够真正把 AI 的能力释放出来。那么，短视频跟 AI 是怎样融合的？这就涉及企业短视频营销的底层逻辑。

一、抓住短视频营销迅速起飞

飞橙教育在 2019 年抓住了短视频兴起的风口，通过短视频来进行获客、转化。学员也是通过短视频平台进行学习的。

刚开始做短视频时，我们踩过无数坑，今天取得的成果都是边做、边优化、边迭代的结果。

我们做的早期部分抖音账号如图 4-13 所示。

刚开始做抖音的时候，我们用了三个月的时间，打造了一个有 100 万粉丝的账号——飞橙生意经，其针对老板群体，拆解真实成功的商业案例。我们自认为做得不错。三个月以后，发现粉丝数量搞定了，流量也还不错，当时每个作品动辄百万流量、上万点赞，但是货却卖不出去，没有产生业绩。

图4-13 早期部分抖音账号

这是第一个错误：有了流量和粉丝之后，没有变现能力。于是，运营团队决定转型。重新迭代和优化内容方向，在继续拆解案例的基础上，选取大量优秀的短视频案例进行分析，最后引导客户购买短视频营销课程，带来大量精准的客户线索。

从2022年开始，为了进一步获客，我们批量推出许茹冰老师的专家号矩阵，将"付费+免费"手段结合并投入市场，在巨大的内容创作压力下，我们开始自研AI系统，从内容创作到运营，整体提升了效率和效果。

如今，我们在短视频平台获得的流量是百亿级的。全国各地很多经销商主动找来寻求合作，这给企业的经营带来了巨大的飞跃，使我们成为企业培训中为数不多的经营数据保持增长的公司之一。其关键点如图4-14所示。

有很多知名品牌从抖音上找到我们，并与我们展开合作，图4-15是我们在抖音上吸引的一部分优质客户。

图4-14　短视频矩阵流量

图4-15　飞橙生意经在抖音上吸引的一部分优质客户

在抖音这样的短视频平台上，利用平台算法和AI技术实现精准营销获客，确实需要一系列策略和技巧。本质上，你在抖音上想吸引谁，就要用谁喜欢的文案，这是一个常规逻辑。当设计的内容锁定了目标人群，就会吸引相应的客户。

二、抖音的三种流量分布

在了解 AI 如何结合短视频之前，先要搞清楚抖音上到底有多少种流量，以及流量分发的逻辑。根据抖音流量类型，从流量的来源路径分析，可以简单总结为搜索流量、推荐流量、广告流量，如图 4-16 所示。

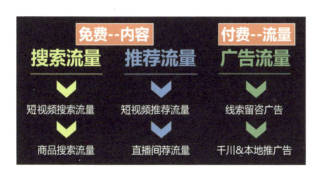

图 4-16　抖音平台的三种类型流量分布

1. 搜索流量

搜索流量是指用户通过抖音的搜索功能主动搜索关键词或话题，从而产生的流量。这种流量通常具有较高的目标性和精准性，因为用户已经明确了自己的需求或兴趣点。

搜索流量分为视频搜索流量和商品搜索流量。

第一，视频搜索流量。在各个平台，特别是在抖音上，视频搜索流量已经展现出巨大的潜力和影响力。随着用户行为的转变，越来越多的消费者开始通过视频搜索来寻找商品信息、了解产品特性和做出购买决策。作为短视频领域的佼佼者，抖音搜索用户的数量快速增长，已超过百度等传统搜索引擎，这反映了视频内容在现代信息获取方式中的重要性。

企业在做短视频的时候，要在视频内容中打上产品的关键词，即标签。这样，用户就能够搜索到你的产品。抖音背后的搜索逻辑是标签搜索逻辑。

第二，商品搜索流量。其主要是指用户在抖音商场主动搜索商品信息、寻找心仪产品并进行购买时所产生的流量。这种流量具有高度的目标性和精准性，对于商家和平台来说，是获取潜在客户和推动销售量的重要途径。

2. 推荐流量

推荐流量是抖音平台根据用户的兴趣和行为数据，通过算法自动为用户推荐内容而产生的流量。这种流量是抖音流量分发的主体，也是创作者提高曝光度和吸引粉丝的主要途径。

推荐流量包含短视频推荐流量和直播间推荐流量。短视频是整个抖音生态当中最关键的一环，它与人类的关系类似于人类与水和花草树木的关系。试想一下，这个地球要是没有了水，没有了树，没有了动物，人类的生存会受到多大的影响。

抖音平台上若没有优质的短视频，它的整个生态就会失衡，这个平台就不复存在。抖音对内容的要求、对短视频的要求，是越来越严格。只有这样，用户才不会离开这个生态。

（1）直播间推荐流量

大家刷短视频的时候会刷到直播间。抖音把短视频和直播间汇到一起。一个抖音账号既有短视频流量，也有直播间流量，两者是完全分离的。短视频流量是单独的，就意味着短视频的权重和直播间的权重是两回事。一个账号有两个功能，一是短视频，二是直播间，如果直播间的权重高，直播间就有流量；如果短视频的权重高，短视频就有流量。有些公司的产品必须把短视频和直播融合起来。短视频用来做宣传、塑造价值；直播间用来成交、转化。

直播间本质上是通过"一对多"的方式宣传产品、推广产品，而短视频里面有些场景是有限的。比如，有些客单价比较高的产品，用户不可能看到短视频就下单。这就需要通过直播间与用户互动、交流，引导用户下单。

（2）短视频推荐流量

未来要想要在短视频里获得巨大流量，就要把短视频流量和直播间流量融合，短视频为直播间引流，直播间承接短视频流量进行转化。

3. 广告流量

广告流量是指通过投放广告在抖音平台上获得的流量。这种流量通常需要付费，但能够快速获得大量曝光和用户关注。

广告流量也分为两种，第一种是线索留咨广告，也就是客户看完广告以后，留下电话号码。卖家不需要在线上直接跟客户做成交易，只要拿到对方的联系方式，接下来通过沟通交流做成交易，实现转化。

第二种是千川 & 本地推广告，意思是专门推，要么推直播间，要么推小黄车。千川主要做电商卖货流量通道。可以理解为留咨是专门做 B2B 的，千川是专门做 B2C 的，或者专门做本地同城业务的。本质上讲，本地同城就是要在线付钱。客户付完钱后要到线下核销。

流量平台的众多流量类型中，搜索流量和推荐流量几乎都可以通过免费内容来获得品牌和产品的最大曝光度。而付费是用在广告上的，通过广告获取流量。在抖音，要么做内容与平台交换流量，要么付费头流量，如图 4-17 所示。

在抖音平台上，付费流量和免费流量是共存的，且各自扮演着重要的角色。互联网自诞生以来，任何平台都不会违背的规则是免费流量永远比付费流量占比高。

图 4-17　抖音免费流量和付费流量

假设你刷了 10 条抖音短视频，最多只能看完三条，其中 70% 是免费流量，30% 是广告。百度如此，谷歌如此，淘宝、天猫也是如此。如果 80% 都是广告，用户必然会大批离开，那么这个平台就无法运营下去。

不同的内容或电商平台中，用户体验与广告内容的平衡至关重要。如果平台上的广告占比过高，那么用户体验将受到严重影响，这很可能导致用户流失，最终影响平台的经营和发展。

在抖音上，当免费流量策略取得成效时，是否应当进一步投资于付费流量？若产能足以应对，或未来有潜力整合更大的产能，那么投入资金就是可行的。毕竟，如果仅凭免费流量便能盈利，那么引入付费流量，其效果或可放大数倍乃至数十倍。

在笔者看来，广告是一个放大器。许多创业者未经专业训练，对广告的首要认知往往局限于高昂的成本。然而，这并非广告的本质。假设在抖音上，每投入一元广告费能带来五元的收益，这样的生意无疑是值得投入的。因此，只要投入产出比能确保盈利，且企业有足够的能力承接更多客户、扩大生产规模，那么抓住广告流量这一机遇便至关重要。

　　在指导他人运营抖音时，笔者从不拘泥于是否应投入资金。老话说得好，不管黑猫还是白猫，能抓到老鼠的都是好猫。在评价一个事物或人的价值时，应该看重其实际效果和能力，而不应在意外表或形式上的区别。从公司角度看，付费流量和免费流量要双管齐下，以增强业务的稳定性。仅依赖免费流量可能导致流量不稳定、不精准且规模有限；而单纯依赖付费流量则可能面临成本高昂、过度依赖广告以及削弱其他获客能力的风险。因此，单纯强调付费流量或免费流量的策略均存在局限性。

第三节　短视频营销的三大定位

在短视频营销的环境下，定位是一个至关重要的概念，它关乎着如何清晰地界定品牌、内容以及目标受众，从而在激烈的市场竞争中脱颖而出。定位是什么？定位就是将行业、公司、团队和产品有效地结合起来。

在营销领域，定位是一种营销策略，通过定义产品或服务在目标市场中的独特位置来区分品牌，实现品牌的差异化。短视频营销的三大定位主要包括变现定位、账号定位和人群定位，如图4-18所示。

图 4-18　短视频营销的三大定位

一、变现定位

变现定位是指明确通过短视频营销实现盈利的方式和途径。

企业做短视频营销的第一步，不是考虑怎么做内容，而是要思考变现路径。因为做抖音不是为了获取流量，而是要变现，要想清楚怎么变现，而不是为了获取流量、粉丝。虽然有些学员的账号粉丝不多，但是依然可以赚钱。

那么企业在抖音上实现精准变现的方式有哪些呢？常见的有三种模型，如图 4-19 所示。

图 4-19　企业短视频的三种变现模型

1. B2B 变现模型

这种模型的特性是产品要么单价很高、非标准化、成交流程比较复杂，要么需要大批量采购，或者招商加盟，总之必须在线上做宣传推广，线下做转化，线上、线下融合。短视频平台主要获取客户留咨线索，因为金额太高，很难在线上直接成交。

2. O2O 变现模型

O2O 变现模型的前提条件是本地同城产品或者本地同城服务。

在线上低价引流，比如卖团购商品，引导客户到线下实体店来消费，通过享受服务，来核销团购券。这种模型的背后，同样要线上、线下相结合：线上成交，线下交付产品或提供服务。

3. B2C 变现模型

一般来说，B2C 变现模型适用于大众消费品，综合客单价比较低，或者单价低的工业配件，还有一些小额服务的引流产品，直接线上成交。无论通过短视频引流到直播间，还是短视频链接到购物车，均属于零售电商范畴，这种模式要把短视频和直播两个通道紧密结合起来，才能发挥最佳获客效果。

二、账号定位

账号定位是指为短视频账号设定一个清晰、独特且与目标受众相契合的形象和风格。这有助于提高品牌识别度，吸引并留住粉丝。

企业到底做什么账号，才能支撑盈利模式？如果只是想通过变现定位实现赚钱的目的，账号支撑不了也是没有用的。一般来说，可以把抖音账号分为三类：一是产品号；二是专家号；三是同城号。如图 4-20 所示。

1. 产品号

适用于有实物商品销售的企业，尤其是产品具有新、奇、特的特征。产品号很明显就是让产品作为出镜主体，用户聚焦于产

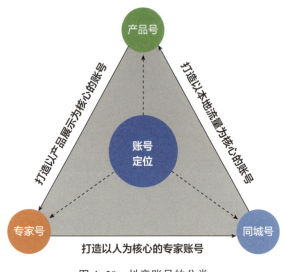

图4-20 抖音账号的分类

品而非人物，真人是否出镜在产品号中没那么重要。很多产品号需要人物配合做动态展示的时候，甚至只需要伸出一双手，这不仅会让画面更聚焦，也避免了账号被固定出镜人带来的不便。只要能抓住产品动态展示的精彩画面，纯产品出镜一样有流量，一样能卖东西。

产品号最大的优势是素材能快速获取，不受限于人物出镜的高时间成本和不确定性。只不过，随着近年来抖音平台持续内卷，如果单纯拍常规的产品，找不到画面爆点可能导致流量不佳，需要增加出镜人的个性化、情绪化演绎，来增加作品流量。这时就需要用到专家号了。

2. 专家号

顾名思义，专家号有真人作为主角出镜，特别适合没有实物的商品或者只做服务的行业，比如律师、财税、教培行业等。其特点是真人出镜提高业务的专业性、权威性和客户的信赖感。在其他比较内卷的行业，也适合将其账号定位于专家号。客户的俗话说"卖人"比"卖产品"更有效，专家号的真人出镜相当于把信赖感建立在这个人身上，塑造其个性化人设，往往能获得比产品号更高的转化率。

那么专家号跟市面上常说的 IP 号有区别吗？我们定义的专家号跟 IP 号还是有一定差异的，通常 IP 号指向高流量、高影响力的角色，粉丝往往是其第一运营目标。要成功打造一个 IP 难度较大，这对于千千万万普通的中小企业来说并不实用。中小企业只希望通过短视频平台找到更多客户，增加销量，一般无须设定打造 IP 这一宏大目标，只要能塑造成某领域的专家形象，获取潜在客户的信赖，实现某一领域的广泛传播和高转化率就足够了。这就是专家号的使命。所以专家号通常由公司老板，甚至老板娘亲自出镜，能比其他职位的角色出镜获得更大的曝光度和信任感。

专家号的内容往往不是直接展示产品本身，而是围绕业务传递观点、知识等信息，所以专家号与 AI 的结合，能在很大程度上解决专家号如何持续输出专业知识和观点的难题。

所有的行业都可以用知识来传递信息，来与用户交流，所以正常情况下，所有的行业都可以做专家号。有实物商品的公司，既可以做产品号，也可以做专家号。

3. 同城号

海量本地商家支撑起短视频同城号的庞大体量，如果卖家业务立足本地市场，或只能辐射周边固定区域，区域外的客户即使信息触达也无法转化，如果该卖家是做本地生意的，就适合做同城号。如果说产品号和专家号定位主要是基于出镜画面，同城号则更多的是基于模式的定位，在形式上既可以采用产品号的出镜方式，也可以采取专家号的出镜方式，但是内容要加上所在区域的关键词或添加位置功能，以便于算法将作品推荐给同一区域的用户。

三、人群定位

明确了账号定位之后，紧接着便是人群定位，即确定视频内容将面向哪些受众群体进行传播。这一步骤对于短视频运营的成功至关重要，因为它直接关系到内容对受众的吸引力、受众的黏性以及最终的转化效果。

人群定位即企业面向哪一类客户，在短视频上就聚焦这部分客户做内容、推内容。确定目标受众群体，包括确定他们的年龄、性别、兴趣、职业、需求等特征。精准的人群定位能够确保营销内容的有效触达和转化。

任何一家公司的短视频都有受众群体。拍给系统看，系统知道你的作品针对谁，才会把你的作品推给谁；拍给客户看，客户喜欢看、看得明白，才会带来流量和成交转化。短视频必须同时满足这两个条件，缺一不可，如图4-21所示。

图4-21　短视频是做给谁看的

那么如何才能让系统把你的作品推给精准人群？前提是你要在账号简介和作品文案中，嵌入与目标人群画像相关的关键词。人群定位不是一个简单的理念或大方向，而是一定要落实到具体的关键词写作上，这一步骤完全可以依托AI工具来快速实现。前面讲到的AI营销环节，列举让AI帮你写客户的行业关键词，就是典型的人群定位执行动作。AI不仅能帮你圈定目标人群，还能进一步针对目标人群，描述他们使用某一产品的场景、痛点、爽点等。这些信息最终呈现在短视频文案和素材画面中，就能让系统读懂作品后精准推送给目标用户，同时引导目标用户刷到后停下来看完作品，并产生互动。

第四节 AI+文案创作：爆款短视频内容生产方法论

在完成短视频定位之后，接下来就要用 AI 来创作内容。每个团队在运营短视频的过程中，都遇到诸多痛点，比如文案编写人员如果持续创作就容易陷入瓶颈，原创的产能低效。而我们推出了很多矩阵账号之后，我们的流量团队越来越庞大，这意味着人工成本越来越高。这两年抖音平台的用户增速放缓，广告成本居高不下，广告投资回报率（ROI）低，这倒逼商家不断调整经营策略，提高流量端的获客效能。笔者公司采取的一个重要举措是用生成式 AI 研发 AI 系统来帮助流量团队提效。

2022 年，刚开始投入 AI 研究的时候，市场还不是很明朗，笔者当时甚至想个人出资 300 万元来做这个项目，如果没做成就不干了；如果做成了，就能解决新媒体获客的重大问题，行业价值巨大，而同行业的对手想追赶，就会变得更加不可能，因为公司已经用 AI 打造起强大的技术壁垒。

当时做了这个决定后，笔者就全力以赴组建团队开发智灵星AI。现在不仅我们的流量团队离不开这个系统，学员也通过这个系统获得了极大的便利，因为用 AI 创作内容实在太快、太简单了。

内容创作流程离不开选题和写作。

一、爆款选题的方法

做短视频最核心的有三点——低成本、批量化、持续性。只有将这三点持续做下去，未来才能实现长足发展。用 AI 写爆款文案，有三个方法论，如图 4-22 所示。

图 4-22　写 AI 爆款文案的方法论

首先是爆款选题。选题是什么？选题不是作品呈现出来的标题，而是你要做什么内容。选题是选择写什么题材，就像老师布置作文会指明一个主题方向，否则就不知道写什么。对一般人来说，写文案虽然很难，但更难的是找到目标客户真正感兴趣的主题方向。确定主题的前提是对用户足够了解，否则写出来的文案就没流量。

确定选题最好的方式当然不是自己想，这是很多人写文案翻车的重要原因：只是写自己想写的，而不是客户感兴趣的。所以选题必须有章可循。下面两种方法是文案写作人员的必须掌握的。

第一种方法是借助抖音的大数据平台找对标的爆款选题，就是借鉴同行某个产品写的内容容易有流量，找对标的爆款选题。如果某个选题流量特别好，就证明关注这个话题的目标客户比较多，可以利用这些选题来进行创作，进行翻新创作。这叫作对标爆款数据选题，如图 4-23 所示。

图 4-23　做爆款选题的方法

在找对标爆款选题的时候，可从以下三大对标着手。

一是作品对标。就是在抖音上找同行的作品，参考它的对标。仅仅参考它对标的选题，写的内容可以不一样。

二是账号对标。找到同行业同类型的账号。在抖音上，有没有一家公司跟你卖的产品是相似的？如果它们做得比你好，他们的内容形式也可以作为借鉴参考。

三是异业对标。就是不同行业，但是有相同模式的企业，也是可以对标的。

假如我们涉足的是餐饮加盟领域，是否可以考虑将美业加盟作为对标对象？答案是肯定的。尽管各自推广的产品有所差异，但只要商业模式相似，或是目标受众群体一致，就完全可以相互借鉴选题和策略。这种跨领域的模仿与学习，不仅能够拓宽我们的视野，还能帮助我们更有效地触达并吸引目标客户。

第二种方法是直接让 AI 帮你选题。告诉 AI 你的诉求，让它推荐匹配的选题，然后你再进行判断和选择。比如你是卖办公桌椅的，可以直接询问 AI，让它为你推荐选题，AI 瞬间就会给予你反馈。

例如，向 AI 提问："我是做高端工服定制的，请针对酒店客户，给我列举十个能打动客户的短视频文案的选题方向。"

AI 的回答如图 4-24 所示。

以上仅让 AI 列出了十个选题，实际上，你可以让它一次性列出一百甚至几百个选题，但是建议一开始先让 AI 无差别列出少量选题，你从中挑选出更加合适的选题方向，再让 AI 进一步沿着这个方向拓展相关选题，这样做的效率会更高。

二、AI 文案创作

确定好选题之后，就要开始写文案。根据运营目标，我们可以把短视频文案分为两大类型：流量型文案和转化型文案。

以下是十个短视频文案选题方向：

1. "酒店工服的时尚变迁史"

2. "揭秘高端酒店工服的设计细节"

3. "顶级酒店工服如何提升员工气质"

4. "不同风格酒店的工服搭配指南"

5. "酒店工服与酒店文化的完美融合"

6. "那些令人惊艳的国际酒店工服案例"

7. "酒店工服的材质对舒适度的影响"

8. "如何通过工服展现酒店的高端品质"

9. "酒店工服的色彩心理学"

10. "创新型酒店工服的设计理念"

图 4-24　短视频文案选题方向

1. 流量型文案创作

流量型文案创作是通过发布短视频来获取更大流量，推送给更多人群，增加更多粉丝，而不是为了带来询盘转化和订单。企业账号发布流量型作品包括我们开新号的时候，不宜一开始就发布营销性太强的作品，否则容易被平台限流，或者在运营已经成熟的老账号，遭遇流量瓶颈、持续低迷的时候，需要间或发布纯流量型作品突破一下，提振信心。新人运营账号时需要快速打开流量开关，训练自己的网感，只有大流量才能真正触发网感。

上面提到的酒店工服定制选题推荐中，像"酒店工服的色彩心理学""不同酒店的工服搭配指南"，没有明显涉及产品的优势、卖点或品宣导向，更像是客观的工作服知识科普，这就是偏流量型选题。

需要注意的是，企业账号运营不主张单纯为了追求大流量而忽略了目标人群这个底线，表现为蹭无关的社会热点，导致人群跑偏，吸引来一大堆泛流量，不能沉淀和转化是小事，还有可能影响算法对账号面向人群的判断，若标签乱了，就会推送给无关人群。所以即便想要获取大流量，基准线是咬定人群画像不能偏。

比如，我们公司的短视频运营团队在每周的选题会上，会去除掉那些看似热度很高，但人群特别年轻的选题，像游戏、棋牌类公司的案例，哪怕再精彩，我们的写手都不敢去碰，因为有前车之鉴，这种作品一旦打爆，会涌来一大波 20 岁以下的人群，甚至"小孩哥"，而我们账号的核心人群是 30 岁以上的老板和创业者，所以我们要求团队不要为了大流量而放弃圈定目标人群的基本准则。

流量型选题确定后，如何才能写出潜在客户感兴趣的内容呢？在智灵星 AI 系统中，我们全面梳理了爆款文案的不同风格类型，把流量型的吸睛文案总结为九大类风格，分别为揭秘式、震惊式、故事式、疑问式、恐吓式、数字式、新闻式、抒情式、幽默式。

每类风格都有其特别之处，以装修业务为例，抖音上几个爆款短视频的文案如下。

（1）故事式文案

包头小姐姐只想随便穷装一下二手房，没想到把花高价装修的邻居羡慕哭了。这是张明在包头昆区完工的一套二手房重装案例，建筑面积80多平方米的两室一卫。话不多说，看一下完工后的样子。

这个视频通过讲生动故事的方式，带入自己做的装修案例，在抖音上，这种故事类视频是最有流量的，故事讲得好，不仅流量大，转化也高。

（2）揭秘式文案

给你揭秘一个厨房装修小套路，这个烟道，我能悄悄黑你500元，你还看不出来。大多数的开发商交付的烟道，只有一个水泥砂浆层，很薄的，可能一拳下去就碎了。转包工地的公司，工长为了省钱，它是不垒这层红砖的。

这个视频通过揭秘装修行业的黑幕，揭开不为人知的秘密或背后的真相，引起观众的强烈好奇，价值感足，很容易获得高互动和增粉。

（3）震惊式文案

震惊，家住六安的小帅夫妇把120平方米的房子装出了200平方米的感觉，原因竟是原始三房改两房，同时将阳台纳入客厅，空间整整扩大30平方米。餐厨一体，开放式厨房更加灵活适用，年轻人的生活没那么多烟熏火燎，怎么不算理想的生活呢？

震惊式文案擅长用夸张叙事，制造令人难以置信的惊奇感，激发用户的好奇心，让人忍不住往下看，拉高作品的用户停留时长和完播率，从而实现高流量。震惊式是一种高频使用的文案风格。

（4）恐吓式文案

家里装修，这几样家具千万不能买，买了一定会后悔。小户型不建议买贵妃沙发，或 L 型沙发，既占空间又不实用，直接选用直排沙发，显得你家客厅空间更加开阔。

恐吓式文案针对用户厌恶损失的心理，包含让读者担忧甚至恐慌的因素，强调严重后果。比如此文案中的"千万不能买，买了一定会后悔"，对用户很有杀伤力。实际上是间接推广自己的优势产品。恐吓式文案就是先破后立，如果内容讲得有道理，是很容易建立信赖和实现转化的。

（5）疑问式文案

同样是大白墙，为什么邻居家装修完时尚又高级？而你家却只能像出租屋一样满满的廉价感？到底是哪个环节出了问题？大白墙怎么装，才能避免廉价感？晨哥今天这期视频，从软装到硬装，手把手教你装出高级、有格调的大白墙。

以上文案通过一连串追问，从头到尾吊足胃口，顺利带出后面的干货内容，属于典型的疑问式文案，特点是用疑问句营造悬疑惑，引发读者强烈的好奇心，达到留人获客的目的。

（6）数字式文案

客厅装修最容易踩的十个坑，90%的人都中招了。如果你还没开始装，一定得注意了，尤其是第 4 条跟第 7 条，基本上都踩坑了。第一，入户监控的电源线，千万别忘了……

这条文案里，提到了最少三类数字：表示数量的"十个坑"，表示百分比的"90%的人"，表示顺序的"第 4 条、第 7 条"。一旦一个文案里面出现了数字，就会非常吸睛，粉丝也会觉得非常真实和有说服力。所以文案中若能巧用数字，流量就不会差。

（7）新闻式文案

杭州惊现装修新模式，装修公司竟然"半价"全包：设计全包、人工全包、装修全包、材料全包，新房业主都惊呆了！

新闻式文案的特点是采用第三方的客观角度，模仿社会新闻或行业新闻的报道方式，降低用户对广告的戒备心理，作为"吃瓜群众"的用户很容易被带入，但实际上其报道的是自身业务，这种文体非常巧妙，很容易获得流量。

（8）抒情式文案

不要敷衍你的房子，因为里面装满了你的生活，让你的房子有温度，有色彩，更有幸福的味道。

抒情式文案通过富有情感的表达，让文案富有感染力，容易引起读者共鸣、共情，吸引读者点赞互动，拉高流量。

（9）幽默式文案

如果装修只看价格，不看材料和工艺，那就像美女只看腿不看脸，后果不堪设想。

幽默式文案使用轻松风趣的语言，提炼的幽默元素与产品特性相匹配，是一种非常机智而富有吸引力的文风，引流和互动效果不错。

以上文案风格各有特色，不分行业和商业模式，都可以采用，但如果全靠人工写出这些风格，对写手的专业度和从业经验都是极大的挑战，而大部分中小企业很难招募到合适的写手，但是现在有了 AI，我们就能让 AI 针对自己的产品随意创作出以上风格的文案，我们所要做的，不过是向 AI 发出恰当的指令而已。

比如针对酒店工服定制的业务，笔者让 AI 帮忙写一个震惊式短视频文案，提示词及回答如图 4-25 所示。

帮我写一个酒店工服定制的科普式文案，震惊式文风，简洁通俗口语化表达，仅限100字

惊！酒店工服定制竟有这么多门道😱

你以为酒店工服随便选选就行？大错特错！它要根据酒店定位、岗位需求来。面料得讲究，舒适透气不能少。颜色搭配有奥秘，量体合身是关键。设计更要时尚又专业。忽视这些，小心影响酒店形象和服务质量哦😂！

图 4-25　震惊式短视频文案

同样的提示词，再把文风从震惊式改为恐吓式，并且同时输出多篇文案，AI 给出的回答如图 4-26 所示。

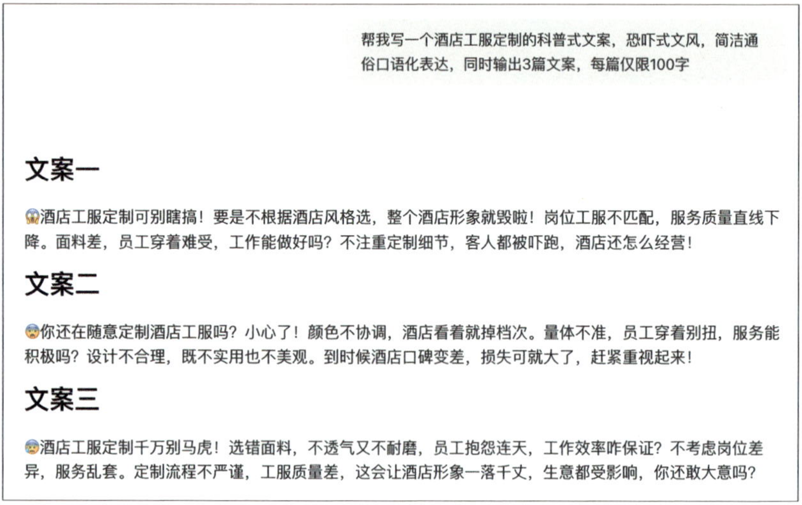

> 帮我写一个酒店工服定制的科普式文案，恐吓式文风，简洁通俗口语化表达，同时输出3篇文案，每篇仅限100字

文案一

😱酒店工服定制可别瞎搞！要是不根据酒店风格选，整个酒店形象就毁啦！岗位工服不匹配，服务质量直线下降。面料差，员工穿着难受，工作能做好吗？不注重定制细节，客人都被吓跑，酒店还怎么经营！

文案二

😱你还在随意定制酒店工服吗？小心了！颜色不协调，酒店看着就掉档次。量体不准，员工穿着别扭，服务能积极吗？设计不合理，既不实用也不美观。到时候酒店口碑变差，损失可就大了，赶紧重视起来！

文案三

😱酒店工服定制千万别马虎！选错面料，不透气又不耐磨，员工抱怨连天，工作效率咋保证？不考虑岗位差异，服务乱套。定制流程不严谨，工服质量差，这会让酒店形象一落千丈，生意都受影响，你还敢大意吗？

图 4-26　不同形式的文案

一旦有了 AI 加持，创作者只要会提要求，会写提示词，写文案真不是难事！只不过，现实是，大部分初学者连向 AI 提问都不知从何处下手，不懂短视频的文案逻辑，所以提问不到点子上。这启发笔者在研发智灵星 AI 的时候，省去了提问环节。用户只需要点击想要的文案风格，匹配的结果就出来了，这就是 AI 系统的魅力所在。

2. 转化型文案创作

如果你做某个视频的目的是带来精准客户线索或直接订单，

不要求有多少播放量，能带来客户就行，那你就要采用这种转化型文案。转化型文案的特点是聚焦于产品的优势卖点，击中客户的痛点或爽点，有比较明显的广告感。

大部分情况下，转化型文案获得的自然流量比流量型文案更少，但是大家不要焦虑于此，一个作品只有几百流量甚至更少流量的情况下，也能带来精准客户，因为作品的关键词定位是精准的。

转化型文案的应用场景主要集中在投放广告的情况下，比如投放千川或巨量广告，由于是花钱买精准流量变现，客户对该产品有强烈的需求，要让他们看了文案之后对你的产品感兴趣，直接建联或购买。即使没有直接投放广告，企业账号在运营中，也不能全是引流型文案，必须穿插转化型文案，只不过在运营节奏上，涉及一个引流和转化的文案配比问题。

比如笔者公司在运营生意经这个账号的时候，因为它的定位是偏商业媒体的资讯文案，文案类型是典型的流量型，但是我们对这个账号有卖课程产品的变现需求，所以正常情况下，生意经引流和转化文案是 5∶5 的配比，即如果每天发布两个文案作品，则中午发引流型，晚上发转化型。后期因为生意经账号变现模式调整为以接广告商单为主、卖课为辅，所以调整配比，改为引流型为主、转化型为辅，但也保证每周至少有三个转化型文案作品穿插其中。

但是我们对联合创始人许茹冰老师账号的要求，与生意经账号相反。因为许老师的账号定位是专家号而非媒体号，以投付费广告高效变现为目的，所以流量型文案在其中只有少量配比。在许老师的矩阵账号中，我们不追求每个作品有多"爆"，只追求广告转化率，所以可能许茹冰老师的矩阵账号下，单个作品的点赞并不高，但是并不妨碍整个账号的转化能力。

那么，如何写好转化型文案呢？首先选题上就要偏转化型。回到之前的酒店工作服十个选题中，其中"令人惊艳的国际酒店工作服案例""创新型酒店工服的设计理念""揭秘高端酒店工服的设计细节"三个选题，都跟产品的优势卖点强相关，而不是纯知识或观点分享，这就是偏转化型选题。

在具体写作上，我们可以把转化型根据常见的营销场景，分为三大类：产品型、促销型、招商型。下面同样用装修业务举例说明。

（1）产品型文案

家里装修，我不允许你还在刮腻子，这是我们最新研发的微岩石，可以直接在水泥墙面以及瓷砖墙面批刮施工，干透后和水泥能达到完美的贴合，同时还拥有防潮抗碱的功能。用腻子粉加人工的成本就可以做到新型的艺术涂料，油漆工也能快速上手，在水泥墙面直接劈刮两遍就能成型，还可以塑造出多种艺术纹理。

腻子粉和微岩石你会怎么选?

在这个文案中,大篇幅讲微岩石产品的优点和卖点,这就是一个典型的产品型文案。

(2)促销型文案

A:抢到了!我真的抢到了!

B:你们在抢什么呀?

A:抢装修优惠呀,真的太划算了,一年一度的"双十一"福利来了……。

装饰"双十一"全包家装节,30万元的装修效果,15万元就能搞定!20万元的装修效果,10万元就能搞定!像这样的豪华装修,现在参与活动抢优惠名额,比你平时装修至少节约一半的费用,更有豪华大礼包和惊喜不断,赠送全房21件大品牌真皮实木家具和海尔、创维等六大家电……限时限量30户,先到先得,抢到就是你的!优惠活动仅此一次,私信我,了解更多"双十一"的家装优惠。

促销文案的特点是宣讲优惠、福利、限时限量的营销活动,激发用户立即采取行动,是典型的为了成交的转化型文案。

(3)招商型文案

全屋定制不会做?选对加盟就是你的金矿!××定制邀请你加盟,我们不光有上千种特色板材,还有线上引流线下转化的培训扶持。2024年比拼价格的时代终会过去，服务和品质才是我们的长久之道。想做全屋定制又没有经验，只要你有团队就来找我，整店加盟输出，产品体系搭建，销售培训、店长培训、设计师培训一体化流程，小城开大店，想做你就来。

招商加盟文案的特点是展示产品巨大的市场潜力或高额的回报，并阐述加盟项目的独特优势，吸引用户前来咨询。

和引流型文案一样，以上几种转化型文案都可以靠 AI 帮我们快速创作，而无须人工写作。下面是 AI 帮笔者写的装修类转化型文案例子，第一个提示词强调了客户爽点和产品优点，明确指向产品型文案，如图 4-27 所示。

> 我是做装修业务的，请针对别墅装修，帮我写一个吸睛的文案，包含客户的爽点和产品优点，100字
>
> **别墅装修：打造您的奢华之居**
> 住别墅，装修就得超凡！我们专为您打造。从欧式宫廷风到现代简约风，设计随心。施工团队精雕细琢，优质材料环保耐用。智能家居系统便捷舒适，专属花园景观美不胜收。选我们，尽享别墅装修极致体验！

图 4-27　装修类转化型文案

第二个提示词明确了"促销"，写出来的文案包含优惠福利和立即转化的行动号召，如图 4-28 所示。

转化型视频有没有可能出现大爆款呢？当然有可能，这就要求无论选题还是内容都有很高的价值，用户对这个作品非常感兴

我是做装修业务的，请针对别墅装修，帮我写一个吸睛的促销型文案，100字

🎉别墅装修大促销来袭！

您的别墅不应平凡。我们是专业别墅装修团队，从奢华欧式到典雅中式，各种风格随心选。优质材料，精湛工艺，为您打造专属梦幻之居。现在下单，享超值折扣，还有免费设计，让您的别墅惊艳变身，快来！😎

图 4-28　促销转化型文案

趣，平台依然会给推流量。

比如，下面这个爆款转化型文案：

丈母娘第一次来我家，被我刚装修好的房子惊呆了，原来回家是不用带钥匙的，窗帘是动动嘴就可以关上的，接热水是不用等的，在家是不用洗碗也不需要扫地拖地的，床是可以自动升降的。丈母娘说：“现在年轻人真会装修。”我说：“现在年轻人都在用住小帮，点这个设计，选择小区和户型，就能免费生成设计案例，还能 720°观看实景效果，直接让装修公司照着装就好了。”家里要装修的都可以去看一下。

该文案是典型的产品型转化文案，全程介绍产品的卖点，属于强营销文案，但融入了引流型的震惊式元素，达到既吸睛又转化的效果，所以在用 AI 创作的时候，无论是引流型还是转化型文案，写提示词都加上“吸睛”的要求，大概率会更加匹配抖音的内容风格。

3. 爆款内容二创方法论

以上是关于流量型和转化型文案如何用 AI 进行原创写作的分

析。实际上在短视频的内容创作中，还有一个对新人来说更加友好的创作方法论，就是爆文二创，即针对已经"爆"过的文案进行二次创作后再发布。在短视频平台上，由于算法推流，导致"爆"过的内容还有机会再"爆"。那么爆文二创的工作流程是什么呢？

过去在没有 AI 辅助的时候，需要先在抖音搜索框，输入所在领域的产品关键词，通过筛选，在搜索结果中找到适合的爆款视频，然后用文案提取工具把视频文案提取出来，再对文案进行拆解分析，拆完后再做二次修改创作，二改后的新文案要与原文重合度很低，才能避开平台的查重审核。爆文二创因为避免了从 0 到 1 的原创写作，只是基于现成的模板修改，极大地提高了写作效率，但现实是，即便如此，大部分人连修改也觉得极为困难。

有了 AI 以后，以上流程和逻辑没有改变，但是 AI 可以帮你把修改环节搞定。因为 AI 的本质就是在你原来的流程上让工作效率翻一百倍，甚至一千倍，如图 4-29 所示。

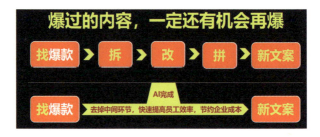

图 4-29　爆款内容二创的方法论

以智灵星 AI 的文案二创功能为例：当你向 AI 输入大量爆款文案后，接下来从生成文案到新文案，中间环节全由 AI 搞定，如图 4-30 所示。简单地理解为未来 AI 帮你写文案，而你的员工只需要做一件事：找到爆款，并发送给 AI，让它学习。

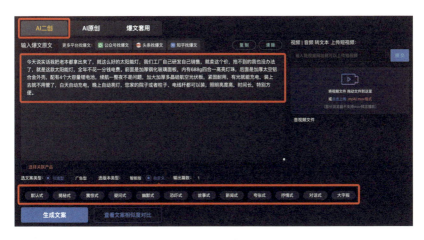

图 4-30　爆款文案 AI 二创

为什么要找爆款发送给 AI？因为在描述需求的时候，不一定能够清楚地表达。还有一个更好的方式，就是想做成什么样，就把那个视频直接丢给 AI，让它参考。当你把这个视频链接发给 AI 以后，AI 就会把这个视频拆开，进行理解，按照你的指令去创造第 2 条、第 3 条……当你发一条后，AI 可能给你回复 100 条、200 条，甚至更多。严格来说，想要多少条，你自己说了算。

起初，笔者公司组建了一支庞大的短视频团队，其中文案写手多达数十人，旨在满足一两百个账号的内容创作需求。在这支精英团队中，仅有一小部分成员专注于撰写原创文案，这是因为原创文案对创意、文笔及市场洞察力有着极高的要求，非一般写手所能胜任。其他更多的是进行二创的写手，他们会根据原创写手的文案以及从其他渠道获得的爆款文案进行"拆—改"的二创写作。无论是原创还是二创，一个文案写手的培养周期很长，如果他们中途离职，对公司来说就增加了成本和损失。

这个痛点在所有做短视频获客的团队中一直存在，所以当AI出现的时候，我们立刻做了一件事：把以前所有团队的主编写出来的爆款文案，发给AI，并且组织专人在抖音上找各行各业的爆款文案，再让AI深度学习这些爆文的写作规律，总结成方法论，这样文案团队哪怕有新手上任，都能快速写出符合短视频爆文特质的原创文案。

三、如何用 AI 写原创文案

写原创文案对大部分普通人来说是比较难的事情，但发展成熟的平台都会鼓励内容创作者写原创文案。在用 AI 创作文案的过程中，除了可以通过模仿爆文进行二创，也可以通过"AI+提示词"的方式写原创文案，因为生成式 AI 输出的内容不是像搜索引擎一样调用数据库中现成的内容，而是将其学到的知识内化成自己的经验写出来的，因此，其生成的内容自然而然地具有原创性。这就是 AI 的神奇之处。

但是向 AI 提专业要求、写提示词这个工作，对大部分人来说是有难度的。所以我们在设计 AI 系统的时候，遵循一个基本原则：让企业用最少的操作，产出高质量文案，而不是每一次写文案，都要自己写提示词。二创如此，原创也是如此。我们的 AI 原创是如何实现的呢？企业只需要输入两个关键词，让系统知道其业务和购买对象，就能源源不断地向其提供想要的文案，以智灵星的 AI 原创功能为例，创作界面如图 4-31 所示。

图 4-31　智灵星 AI 原创的创作界面

在这个例子中，企业输入自己的产品"智能办公家具"，填写一个客户关键词"大公司"，以及文案字数和篇数，就能输出知识型文案，如图 4-32 所示。

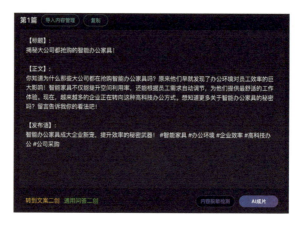

图 4-32　输出知识型文案

　　你会发现，无须写提示词就能得到大体符合要求的文案，而且 AI 可以把短视频标题、发布语和话题标签等作品发布必备的要素，都一揽子写好了。你所要做的，只是根据实际情况，对结果进行微调，如此高效便捷，节省了很多时间。

　　我们用 AI 做了一套标准的短视频内容体系，这是我们团队利用多年打磨的内容经验积累，单独训练出来的。有了这套 AI 系统，企业的文案写手就能减少一半，一年下来大概能节约工资成本 200 多万元。企业可以把节约下来的资金投入到企业 AI 经营落地场景的应用研发上。

第五节　AI+内容脱敏：让 AI 帮你顺利 "过审"

如今所有短视频的运营者，大多有过因内容违规而被平台处罚，轻则限流，重则禁言，甚至封号。如果有的运营者说其很幸运，至今还没有被处罚过，笔者认为可能是其还没入门，或者可能有点懒，没怎么发作品。只要有一个保持日更的账号，不论什么行业，多多少少都会被处罚，尤其是一些敏感行业，如医疗、金融等。

所以做短视频，要想让自己的作品顺利通过平台的自动审核和人工审核，降低被处罚的概率，就必须对内容进行脱敏处理，除了搬运等因素，大部分被处罚都是因为内容中有敏感信息。

在 AI 出现之前，真正的流量团队是如何解决这个问题的呢？在完成文案，进行录音和剪辑之前，会有一个主编审核的必经流程，需要靠主编的个人经验进行判断，如果账号多，并且要保证每个账号每天发布两个作品，那么主编光审查敏感信息就需要很长时间。

正是基于这个痛点，我们在研发 AI 工具的时候，特意增加了对内容脱敏的功能，就是根据抖音平台的社区公约和内容规范，让 AI 进行审核，这样每个文案输出结果中都会有一个按钮——内容脱敏检测，如图 4-33 所示。

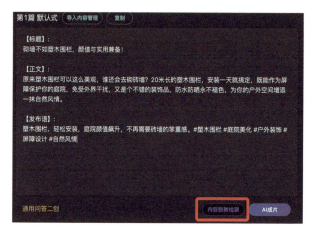

图 4-33　内容脱敏训练

　　如果审核出敏感信息，系统会指出问题所在，并给出文案的修改建议供创作者参考，如针对"祛斑美白精华，蕴含多种高效成分，精准抑制黑色素生成，淡化色斑，均匀提亮肤色，让肌肤重现无瑕净白光彩，焕发动人魅力"的产品说明，系统审核后的脱敏反馈如图 4-34 所示。

　　通过 AI 可以省去短视频创作的人工脱敏流程，节省主编的工作时间，使其有时间从事更有建设性的工作。

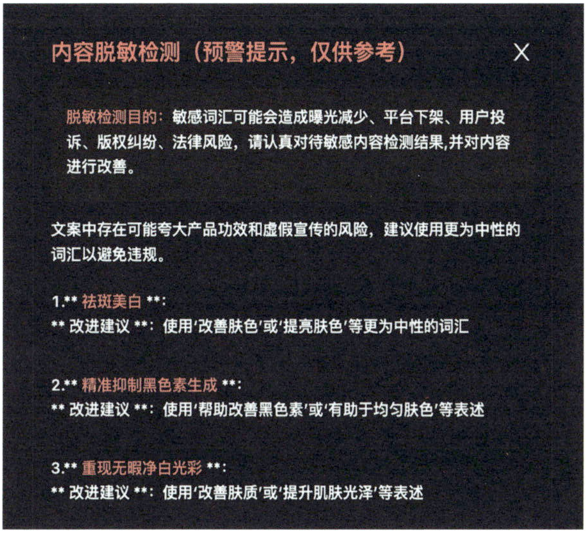
内容脱敏检测（预警提示，仅供参考）
X
脱敏检测目的：敏感词汇可能会造成曝光减少、平台下架、用户投诉、版权纠纷、法律风险，请认真对待敏感内容检测结果,并对内容进行改善。
文案中存在可能夸大产品功效和虚假宣传的风险，建议使用更为中性的词汇以避免违规。
1.** 祛斑美白 **:
** 改进建议 **：使用'改善肤色'或'提亮肤色'等更为中性的词汇
2.** 精准抑制黑色素生成 **:
** 改进建议 **：使用'帮助改善黑色素'或'有助于均匀肤色'等表述
3.** 重现无暇净白光彩 **:
** 改进建议 **：使用'改善肤质'或'提升肌肤光泽'等表述

图 4-34　脱敏反馈

第六节　AI+自动剪辑："AI 一键成片"

大家能明显感觉到现在做短视频的竞争越来越激烈。为了在海量内容中脱颖而出，企业需要更快速、高效地制作出高质量的短视频。传统的人工剪辑方式，在面对如此大规模的内容创作需求时，往往效率低下，难以跟上快速更新的节奏。而 AI 帮我们写好文案，只是解决了做短视频的重要一环，接下来还需要 AI 帮我们把文案与匹配的视频素材进行整合，再自动加上字幕和配音，形成一个完整的视频成品。这就是 AI 自动剪辑要做的事。

如今越来越多的人参与到短视频创作中来，但并非每个人都具备专业的剪辑知识和技能，因此 AI 剪辑的重要性就日益凸显出来。

AI 自动剪辑的工作原理，可以简单地理解为系统把短视频作品需要的基础"原材料"，包括文本、图像、配音、BGM（背景音乐），通过预设的 AI 自动匹配方案，识别视频画面中的人物、物体、场景，通过图像识别算法区分不同的视觉特征，再让文本与图像自动匹配，最终输出符合要求的成品，同时给予运营者手动编辑和调优的机会，这样，"自动+手动"双向功能可以满足灵活性、多样化的创作风格需求。

用户可预先上传与自身业务相关的视频或图像素材，让 AI 生成自己想要的文案，点击"AI 成片"，一键生成视频成品，如图 4-35 所示。

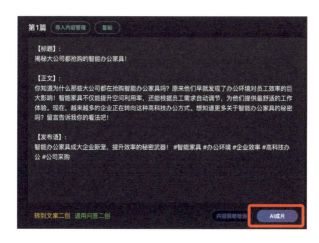

图 4-35　AI 一键成片

AI 自动剪辑技术极大降低了短视频的创作门槛，即使是没有剪辑经验的新手，也能轻松上手。AI 将复杂的剪辑过程简化，让更多的人能够将自己的创意通过短视频展现出来，为创作者提供了一种全新的短视频创作方案，大幅缩短了剪辑周期，提高了创作效率。

笔者有一个山东学员，专门在本地做大型宴请，比如婚宴酒席、商务宴请等，线上的变现方式主要是通过短视频吸引线下用餐。大家都知道餐饮是极其内卷的行业，线上短视频渠道更是如此，所以该学员在学完短视频课程后，一共运营了八组账号，运营人员全部是由本公司员工兼职，所以要依托 AI 系统来提效。

通过分析该学员反馈的真实数据可以看出：在还没有做直播的情况下，9 月和 10 月两个月短视频播放量破万的有几十条，视频号播放量最高的一条当时突破了 70 万播放量，线上引流到店核销的团购订单超过了 50 单，一个月内成交五场生日宴，消费金额过万元。其抖音经营数据表截图显示了每天通过抖音引流到店的就餐人数、消费项目和金额等数据。

其短视频从文案创作到自动混剪，全部都是用智灵星 AI 系统自动生成的，极其高效和富有成果，每个作品同步在抖音和视频号等几大短视频渠道发布。

可以发现其实短视频的形式非常简单，就是用 AI 创作出比较简短的文案，加上宴请实拍的生动画面。这些素材很容易获取到，这样每个账号每天都能轻松发布多个作品，公司的文员、服务员都可以参与到短视频运营中，哪怕不具备专业的文案写作能力和剪辑技巧，也能借助 AI 系统源源不断地产出优质短视频内容，公司要做的重点工作就是拍摄大量体现业务卖点的生动画面，积累视频素材库。对大部分中小企业来说，这就解决了短视频专业人才供给难、留人难的巨大难题。

需要注意的是，AI 自动剪辑在一定程度上依赖于训练数据和预设模板，如果数据存在偏差或模板不够丰富，可能限制剪辑的业务匹配性。所以要想使 AI 自动剪辑达到更好的效果，关键是企业要提前准备大量拍摄或收集的无版权原始素材，这些图像要符合短视频爆款画面的吸睛原则。多拍摄近景和特写的高清、动态画面，避免杂乱无序、主题不明、模糊不清的低质画面素材，这是做短视频的基本要求。上传的每个视频素材五秒左右即可，做到短时长、多数量。把这些素材导入 AI 自动剪辑工具中，分门别类地建立素材库，并对素材进行简单标注，如添加关键词标签等，有利于 AI 清晰地定向素材主题，与文案更好地匹配。

其他注意事项就是在 AI 剪辑基础上进行手动干预，如更换字体样式模板、调整镜头顺序、修剪片段长度、选择配音等，以进一步提高视频质量，使视频更符合创作意图。

图 4-36 是智灵星 AI 系统的"AI 一键成片"自动剪辑功能的界面，你可以在这里直接生成视频，也可以手动替换各视频的片段。

虽然 AI 自动剪辑在没有上传创作者自己的视频素材的，也能通过第三方云端素材库自动调取相关素材，但这些画面多半跟创作者的产品或场景不匹配，带入感较弱，会影响作品的流量和业务宣传。

为了解决这个痛点，智灵星 AI 团队引进了当今最先进的文生

图 4-36 智灵星 AI 系统的 "AI 一键成片"

视频大模型，创作者只需要输入一段描述，系统就能 "凭空" 输出一段 5 秒的视频或图像。图 4-37 是用智灵星 AI 生成的视频截图，用户难以一眼看出这是真实场景还是 AI 创作。

（提示词：灌装工厂流水线上，一台灌装机正在灌装化妆品液体，特写灌装过程）

图 4-37　AI 生成的视频截图

AI 自动剪辑能帮助企业高效产出短视频。对于缺团队、缺专业人才的中小企业来说，这无疑解决了大部分内容的创作痛点。

第七节　AI+矩阵：打造短视频矩阵账号，放大“成功模型”

如果企业要在互联网上做生意，就要掌握一个把网上生意做大的“秘密”，那就是做矩阵。什么是矩阵？可以简单地理解为，为了实现业务销量最大化，在某个平台或跨平台搭建多个账号，从而实现大规模获客和扩大影响力的效果，矩阵就像一个放大器，把成功模型快速放大 10 倍、100 倍。

从搜索引擎时代公司做官网开始，就有很多公司不是做一个官网，而是做多个甚至上百个网站，俗称站群。实际上，笔者早期做互联网，就是从做站群开始的。笔者曾经为了卖一个产品，做了上百个站群。而电商时代开网店，不是单开一个店，可能会注册很多公司主体去开多个淘宝店，俗称店群。如今做抖音，笔者同样建议大家不要只做一个账号，而要做多个账号，形成矩阵，同时幸运的是，做短视频矩阵的投入成本比当初做多个网站和开多个店铺的成本要低得多。

为什么今天做短视频的首要任务是制定恰当的矩阵布局策略？因为多个账号的协同宣传，可以让产品和品牌在短视频平台得到更广泛的传播，精准地覆盖更多目标客户。可以通过不同账号展示品牌的不同业务链条。

笔者的学员王总是一家德国汽车品牌——迈莎锐的中国经销商代表。他经销的所有车价位都是 100 万~1000 万元。公司有一项业务是汽车改装。

2023 年，他做了一场线上线下联动的抖音活动，大概邀请了二三十人去展会报道，活动办得非常成功。他们的品牌视频在抖音上的播放量超过了一个亿。获得这么大的流量，他却没有花一分钱，而且还把他的个人账号带火了。后来，他自己拍了几条视频，抖音涨粉几万。如今他的账号经营得非常好。

王总的抖音账号视频播放量非常不错。

老板成功树立了自己的品牌形象后，便可以复制这样的成功路径，将内部员工培养成为新的代言人。在抖音平台上，虽然男性讲车博主占据主导地位，女性讲车博主相对较少，但每个人的讲解风格和侧重点各有千秋，这为我们的账号提供了差异化发展的广阔空间。

问题是，王总为什么每天都能做出很多视频呢？

原来王总把所有视频素材进行汇总，在内部搭建了产品素材库。做短视频内容，一定要批量化剪辑，而前提是要有批量化的素材，要把素材分门别类，建立详细的素材库。

除此以外，王总团队还建立了视频库、音乐库等，把所有的视频，进行分类，包括奥迪、保时捷、奔驰、宾利、超跑、大 G 等，方便员工快速找到不同的素材。

王总团队也启用了 AI 系统来完成 30 个账号的文案创作和快速剪辑，整体效能获得飞速提升。

从短期的外部达人矩阵到长期的自建团队矩阵，再借助 AI 系统赋能加速，迈莎锐的账号短时间内就在短视频平台做得风声水起。

在抖音上，为什么总能刷到飞橙的联合创始人许茹冰老师的短视频？因为其策略是免费矩阵和广告矩阵、短视频矩阵和直播矩阵相结合。

许茹冰老师至少做了上百个账号，其实就用了两年左右的时间。到目前为止，许老师代表公司做的 AI 账号里面的短视频内容和文案，大部分是经过 AI 改造的，做矩阵比以前更容易了。许老师最开始做矩阵的时候，每周都要拍视频，占用了大量时间。如果由 AI 去做这些工作，那么许老师就能将更多的精力放在公司战略与经营上，关注产品层面，思考产品该如何架构、设计。幸运的是，后来在团队的不懈努力之下，这一切构想已经实现。许老师账号的内容基本上是由 AI 辅助完成的。而 2024 年团队的目标是在年底把 AI 模型测试好，在抖音上做出 100 个以上这样的 AI 账号。既然能利用好 AI 这方面的功能，随着时间的推移，就能把量做强做大。

一、AI 矩阵运营的三大关键

矩阵构建的核心前提在于拥有海量差异化的内容资源，唯有海量差异化内容的支撑，才能使矩阵体系充实而富有成效。

同时，矩阵账号数量的确定与管理，是构建矩阵过程中不可或缺的一环。这涉及根据实际需求与资源状况，合理规划账号数量，以确保既能有效覆盖目标受众，又能高效运营，避免投入巨大人力成本和时间成本，却不能盈利。

这就需要高效地利用 AI 进行批量化内容创作、批量化账号管理、数据分析等工作，以提升矩阵运营效率与质量。

要做矩阵短视频，要注意以下三方面。第一，矩阵的布局策略要正确。做矩阵的前提是快速产出海量内容。第二，创建一定数量的矩阵账号。第三，做矩阵账号的工具——手机。把这三件事情搞定，矩阵就能搭建成功。

AI 矩阵运营的三大关键如图 4-38 所示。

矩阵账号布局有两大策略，如图 4-39 所示。

1. 横向扩品类

什么是横向扩品类？举例来说，假设一个公司拥有六条产品

图 4-38　AI 矩阵运营的三大关键

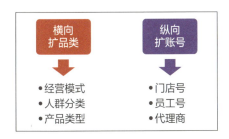

图 4-39　矩阵布局的两大策略

线，而竞争对手拥有四条产品线，不论是六条还是四条产品线，涉足抖音这类社交媒体平台时，很少会采取"全面开花"的策略，即一次性将所有产品线全部投入。明智的做法往往是精选一两款具有竞争力的产品线作为先锋，集中精力打造，待其取得成功并站稳脚跟后，再逐步引入第 3 条、第 4 条乃至更多的产品线。

　　笔者公司就是这样做的。起初，我们聚焦于一条短视频产品线的开发与运营，并取得了显著成效。在此基础上，我们乘胜追击，着手推进 AI 产品线的布局。同理，对于拥有 4 条产品线的企业而言，这一策略同样适用。是否可以同时推进所有产品线呢？理论上讲，这并非禁忌，关键在于每个产品线背后都配备一个专业且高效的运营团队，以确保每条产品线都能得到充分的关注与资源支持，从而实现健康、有序的发展。

这就是横向扩品类。我们可以围绕经营模式去扩品类。比如说一组账号中，十个账号专门做零售，另一组十个账号专门做批发，其余十个账号专门做门店导流。我们也可以基于人群去扩品类，比如做服装的公司可以做面向年轻女性的时尚穿搭账号，展示青春活泼的服装款式，也可以做面向中年男性的商务正装账号，推荐适合职场的服装搭配，这样就能吸引不同性别和年龄段的消费者，扩大品牌的受众覆盖面。

2. 纵向扩账号

针对同样的产品和模式，可以由 100 个人来做，也可以由 100 个账号和 100 个团队来做，还可以由经销商、代理商来做。

若一个公司已经有 100 个账号，如果今天要发一条视频，能不能把这条视频直接分发到 100 个账号呢？恐怕无法做到，由于抖音平台有严格的查重机制，任何人都无法直接将同一视频原样发布到所有账号。

抖音的查重机制，为批量矩阵内容创作制造了难点，那么多账号，每天要日更，每个作品都要不一样，效率如何保障？这就需要借助 AI。以智灵星 AI 为例，基于矩阵运营普遍存在的痛点，系统刻意设计了文案查重功能，即当创作者同时输出多篇文案的时候，是可以直接对比各文案的相似度的。

如图 4-40 所示，创作者在做文案的"AI 二创"时，随便输入一篇文案后，可以输出三篇新文案，点击"查看文案相似度对比"，则显示原文分别和三篇文案的相似度数据，以及新文案彼此之间的相似度。从查重原理来看，显然重合度越低越有利。

图 4-40　文案的"AI 二创"

解决了文案查重问题后，做专家号矩阵还有一个最难的痛点，就是如何解决真人出镜的时间消耗和精力消耗问题。经常有学员问："江老师，我不愿意出镜。有没有方法可以替代呢？"笔者给其建议是在短视频里面启用数字人。

在抖音上，可以经常看到一些视频，有些是真人出镜，有些是数字人。如图4-41所示是笔者在抖音上的三个视频截图，你能分辨出哪个是数字人吗？

图4-41　猜猜哪个是数字人？

其实这三条短视频都是数字人出镜，用户压根儿看不出来，声音也完全是本人的声音。笔者在抖音上做的所有自然流量全都是数字人出镜。形象是克隆的，声音也是克隆的，"分身"了一批矩阵账号，如图4-42所示。

图 4-42　数字人视频

二、企业如何申请 N 个矩阵账号

在抖音里，矩阵账号有三种类型，如表 4-1 所示。

第一，企业号。一家公司一个营业执照可以申请两个企业号，归属权为企业。

第二，企业员工号。一个企业可以有 5～100 个员工号，绑定到企业号之下，要用邮箱和员工在职证明来申请认证。

第三，个人号。一个人只能申请一个个人号，用手机和实名认证申请，归属权为个人。

表 4-1　矩阵账号的三种类型

账号类别	企业号	个人号	企业员工号
数量限制	2 个账号	1 个账号/人	5~100 个账号
申请方式	营业执照+手机号	手机号+实名认证	邮箱和员工在职证明
账号所有	公司	个人	公司

如果是员工号，也要实名认证。

例如，假设公司为小 A 申请了员工号，即使他已经有个人号，公司也可以让他用员工号再实名认证一次，但账号归属权是公司的。另外，还有一种情况，假设某个人的个人号授权给公司使用，就需要与公司签署协议，因为授权后的账号是属于公司的。

企业蓝 V 账号可以有 100 个员工号。如果某个员工离职了，新员工可以使用离职员工的员工号，因为账号是公司的。

每个账号都要绑定手机号。那么多手机号对应的每一个账号，背后都有很多私信、评论需要运营去回复和管理。如此庞大的矩阵，回复和管理会消耗大量的时间和精力，这时候，应该怎么办呢？就需要工具来辅助进行矩阵账号管理。

三、如何利用 AI 工具进行矩阵账号管理

面对随之而来的矩阵大量回复信息和管理的问题，我们可以采取一系列措施来优化和简化管理流程。

1. 利用 AI 工具进行矩阵账号管理

选择合适的矩阵管理系统，确保所选系统具备批量剪辑视频、批量分发视频、批量管理账号数据等功能。这些功能可以极大地提高运营效率，减少人力成本。我们利用 AI 技术智能生成视频内容，通过预设的风格模板和关键词进行智能混剪，确保内容的持续输出和原创性。

关键词优化与布局：利用 AI 系统进行关键词分析和拓词，将相关关键词融入视频文案、标题和发布语中，以提高搜索排名和精准推送。

自动化发布与监控：设定定时自动发布视频，确保账号内容持续更新。后台实时监控账号数据，包括视频发布效果、用户互动情况等，以便及时调整策略。

2. 利用 AI 工具自动管理及回复信息

自动回复与筛选：利用 AI 工具设置关键词自动回复，对常见问题和咨询给予快速响应。这不仅可以提高回复效率，还能减轻人工客服的压力。设定筛选规则，将重要或紧急的回复信息优先展示给人工客服处理。

智能分类与整理：AI 工具可以根据回复内容自动进行分类和整理，如按照问题类型、用户类型等进行分类，便于后续进行分析和处理。

人工干预与实时互动：尽管 AI 工具可以处理大部分信息回复，但人工干预仍然是必要的。对于复杂或敏感的问题，人工客服需要进行实时互动和解答。要安排专人或团队负责监控和处理信息回复，确保问题得到及时、准确地解决。

为了管理这些信息回复，我们采用了一种成本相对比较低的解决方式。

技术团队通过抖音官方接口获得了多账号授权，其中矩阵授权账号有 139 个，如图 4-43 所示。

图 4-43　企业号矩阵（1 机+1 卡+1 工具）

这 139 个账号的所有数据都可以汇总在一起。如图 4-44 所示是抖音后台的开放平台。

所以企业未来只干一件事情，就是把员工申请的账号授权给

图 4-44　抖音后台管理

公司的后台代为管理。授权以后，大概率可以使工作效率提高 50% 以上，如图 4-45 所示。

后台有"授权账号"按钮，只要一点，就会出现一个二维码，用手机一扫，账号权限就授予后台了。这个流程是抖音官方允许和认同的，不属于违规手段。

通过此项操作就可以看到所有账号的数据，包括播放量、点赞量、评论量、粉丝量。最重要的是抖音后台可以进行视频管理，可以对准备发布的所有视频，直接在后台进行批量操作。

3. 利用 AI 工具自动回复

在智灵星 AI 系统中，所有视频发布以后，都会在账号运营的"视频列表"栏显示，如图 4-46 所示。

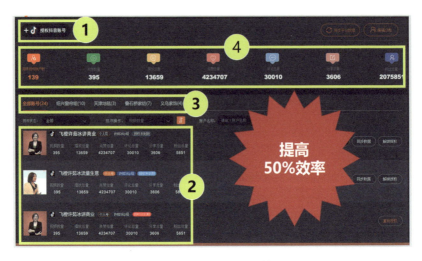

图 4-45　授权抖音后台管理

图 4-46　视频列表

　　在后台可以看到公司所有的视频数据，以及后台的评论和回复，后台也可以做到自动回复。客户只要发表一条评论，就可以收到自动回复，进而被引导留下电话号码或者发私信，如图 4-47 所示。

图 4-47　评论回复列表

对所有客户提出的问题，都有两种回复方式，一是自动回复；二是人工客服回复，如图 4-48 所示。后台的私信回复如图 4-49 所示。

后台私信有多少条？没有读的私信有多少条？公司所有的账号名称全部可以显示在这里，后台可以把 100 个账号进行聚合管理，1 个人就可以回复 100 个账号里所有的问题和私信。

图 4-48　客户回复

图 4-49　后台私信回复

第五章

AI+客服：

7×24 小时智能应答快速解决问题

"

AI 客服很早以前就已经在平台级的各大公司应用，比如电商领域的淘宝、京东等平台的许多商家都利用 AI 客服解答常见问题，如商品信息查询、物流状态跟踪等。在金融行业，银行的在线客服多由 AI 驱动，可处理账户查询、业务办理流程咨询等事务。据统计，大型企业中约有70%早已部署 AI 客服系统。

如今伴随生成式 AI 在企业经营中的落地，中小企业也有机会采用 AI 客服来提效增收了。

第一节 AI+客服：生成式 AI 客服有哪些优点

做电商的企业应该都有体会，由于电商行业极度内卷，对客服的响应要求也越来越高。各大平台尤其是抖音、视频号小店，客服回复稍微慢一点，可能差评率、退款率就上去了，而这个数据会直接导致流量减少、退款、店铺分下降，最终影响的都是销量。在这种严苛要求下，商家恨不得 24 小时在线。

AI 客服的优势是显而易见的，无论是售前客户咨询、售中进度处理，还是售后服务场景中，AI 客服都能够以"毫秒级"响应速度对客户咨询做出高效回应，客户无须等待人工客服的接入。尤其在咨询量大，人工客服一时间忙不过来的情况下，不会使店铺错失每个潜在客户。同时还能提供全天候服务，无论白天黑夜，AI 客服随时在线。比如做外贸出口和跨境电商的公司，AI 客服就可以在中国时区的工作日之外、无人值守状态下，随时接受来自海外的咨询，确保回复的及时性。

AI 客服还可以降低人力成本。雇佣和培训人工客服需要很高的成本。有了 AI 客服，企业无须雇用大量人工来应对高峰时段的咨询需求，可以把节省下来的成本投入产品研发或市场拓展等方面。

你可能会质疑，AI 客服确实回复及时，但是有效性如何呢？过去，大多数自动客服的回复要么没有有效的信息，要么信息针对性不强，解决不了客户的实际问题。今天的 AI 客服采用的技术实现方式不同，对提问的理解和回复质量与之前的自动客服有天壤之别。

那究竟有何不同呢？过去的自动客服是用简单的关键词匹配来识别客户问题，智能化程度低。它主要是在客户输入的文本中查找预先设定的关键词，然后给出相应的预设回复。这种方式对客户问题的理解非常表面，无法理解句子的完整语义和潜在意图。如果客户表述稍微发生变化，比如"我的手机突然不动了，好像死机了，该如何处理"，它可能就无法准确识别和提供合适的解答，因为它不能理解"突然不动了"与"死机"之间的关联。

而生成式 AI 客服技术是基于机器学习和深度学习，采用自然语言处理技术，使 AI 能够像真人一样理解客户的意思，并且像真人一样展开交流对话。

在回复质量上，关键词自动回复内容是基于关键词预设的回复模板，所以回复比较固定和单一，缺乏灵活性和个性化，还容易出现答非所问的情况，尤其是在客户的问题表述不精确或者涉及复杂情况时，关键词客服的能力就受限了。

今天的 AI 客服在多轮对话处理上有明显的优势。当客户的问题需要多轮交互才能解决时，关键词自动回复往往难以胜任。而 AI 客服可以记住之前对话的内容，理解对话的上下文逻辑关系，从而提供更加人性化的连贯服务，引导客户解决问题。

不仅如此，AI 客服的应用场景更加广泛和深入。除了基本的客户咨询外，AI 客服技术还可以应用于客户情绪分析、潜在需求挖掘、主动服务推送等领域。例如，在客户与 AI 客服对话的过程中，AI 客服可以通过分析客户的语言表达、语气等，判断客户的情绪状态，如是否满意、是否焦虑等，并及时调整回复策略。

第二节 AI+客服：强大能力是如何实现的

AI 客服的能力如此强大，究竟是如何实现的呢？如何让 AI 客服做到在某个专业领域训练有素呢？核心是公司提供足够详细的私有产品知识库数据，进行模型训练与优化。企业利用大量产品信息和历史客户对话数据对 AI 客服模型进行训练后，AI 客服才能够准确回答各种关于商品的问题，如尺码选择、退换货政策等。所以要让 AI 客服像真人一样有效回答问题，数据是核心。

企业首先要做的事情是组织团队收集和整理与业务相关的各类数据，包括产品手册、操作指南、业务流程、历史客户对话记录、常见问题解答、客户案例等。其次将知识按照主题、领域、功能等维度进行分类。这些数据将用于训练 AI 客服模型，使其具备准确回答问题的能力。

AI 在整理系统化知识方面，有着非常缜密的逻辑框架和面面俱到的体系化能力，往往能够突破人类大脑的点状思维和知识盲区的局限性，带给我们有益的参考。总之，提供的训练资料越详细，AI 客服应对各种问题的能力就越强。

企业可以通过使用第三方 API 接口或客服系统平台，将 AI 客服嵌入到自己的官方网站、小程序、企业微信等业务系统中，确保 AI 客服能够有效地与现有业务系统协作，实现与客户的实时交互。如今有很多第三方客服系统提供商提供一站式解决方案，企业只需进行简单的配置和调试，就可以使用 AI 客服。

同时，企业也可以利用 AI 的文档读取功能和提示词，把知识库的文档直接提交给 AI，比如利用 OpenAI 官方提供的 API 接口，将数据上传到 GPT，让 AI 了解了业务知识后，根据提示词要求回答。后期再反复测试，通过模拟各种客户问题，观察 GPT 的回答，然后调整提示词和知识库，以确保 GPT 的回答能解决实际问题，并符合公司的客服标准和风格。

尽管在私有知识库加持下，AI 客服可以自动处理大部分问题，但目前 AI 客服还不能完全替代人工客服，因为 AI 目前还远没有达到无所不能的通用 AI（AGI）的理想化状态。AI 客服的局限性主要体现在以下几个方面。

首先，在复杂问题处理上不如人工客服灵活。AI 客服虽然能够处理常见问题，但对于一些复杂、特殊或涉及情感因素的问题，其理解和解决能力就受限了。比如，当遇到涉及多个业务环节的复杂投诉时，AI 客服可能无法提供准确和令人满意的解决方案。在这种情况下，人工客服介入才能更好地理解问题的本质，提供更灵活、个性化的解决方案。

其次，目前AI还缺乏对人类情感的深度理解能力与沟通能力。在真实的客户服务过程中，疏通对方情绪有时候比讲道理更重要。AI客服无法像人工客服那样给予客户温暖、同情和共鸣。例如，当客户因产品问题感到焦虑或不满时，人工客服可以通过语气、措辞和情感表达来安抚客户情绪，打消对方的怨气；而AI客服只能提供机械的回答，难以缓解客户的负面情绪，甚至还可能火上浇油。

最后，AI客服需要与人工客服协同工作。可以先让AI客服处理大量常见问题，然后通过智能路径将无法解决的复杂问题转接给人工客服，让人工客服及时介入。而人工客服在处理问题时，也可以参考AI客服提供的客户信息和问题分析，提高处理效率。同时，人工客服在解决问题过程中积累的经验和知识，又可以持续反馈给AI系统，用于优化其算法和完善知识库，进一步提升AI客服的服务能力。

企业需对员工进行培训，利用人工客服与AI客服各自的优势，实现人工客服与AI客服相互配合、协同工作，为用户提供更优质的服务。

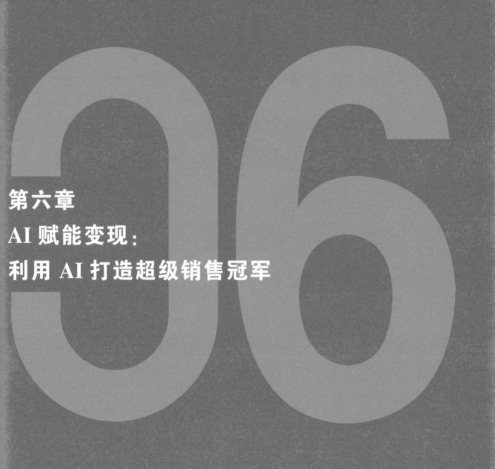

第六章

AI 赋能变现：

利用 AI 打造超级销售冠军

"

企业若以 AI 解决客流问题，客流涌现并非销售终点，而是新起点。真正的挑战并不在于前端渠道能带来多少潜在客户线索，而在于这些线索最终能有多少转化为实际收益。如抖音虽不能直接促成交易，但它能助力企业触及潜在客户并获取线索。后续转化需要依赖于企业团队、产品及行业积淀。

获取抖音线索后，企业通常会将其分配给销售人员跟进。然而，传统销售体系中超过80%的模式已过时，管理方式亦多不合时宜，因为它们大多基于过去一二十年的市场环境。试问，你们的销售体系多久未曾革新？是否还在沿用年轻时的销售策略向团队传授经验？事实上，这些经验已难以适应当前的时代。当 AI 技术开始重塑各行各业销售岗位时，你会发现世界已发生巨变，是时候升级销售策略了。

第一节　如何破解传统销售的两大难题

企业在销售的过程当中，无论是线上客户线索，还是线下客户线索，都要靠销售人员去跟单成交。

老板带领销售团队遇到的两大难题，如图 6-1 所示。

图 6-1　老板带领销售团队遇到的两大难题

一、缺乏销售技巧的培训

每位销售人员被招进公司后，首先要接受全面而系统的培训，以深入掌握产品知识。然而，仅凭对产品知识的熟练掌握，就足以确保销售成功吗？肯定是远远不够的。消费者真正购买的并非产品本身，而是产品所能解决的问题，即满足其特定需求的解决方案。有趣的是，那些对产品了如指掌的人，往往并不擅长销售。

相反，那些对产品细节虽不甚了解，但能深刻洞察顾客需求的人，往往能取得更好的销售业绩。许多企业花费大量时间对销售人员进行产品知识方面的培训，导致员工在与客户交流时，过度聚焦于产品特性的讲解，这种自我陶醉式的推销方式，往往令客户望而却步。

原因在于，员工往往只复述他们在培训中学到的内容。那么，公司应当选择为员工提供专业且系统的培训，还是零散的训练呢？遗憾的是，多数企业倾向于后者，即传授碎片化的知识，这往往使企业产生一种培训已经足够的错觉，但实际上团队并未真正掌握知识。

有些公司很可能缺乏销售技巧的专业培训，这时候即使从抖音上吸引了客户，客户也容易流失。这就是企业的真实情况。那么没有经过系统的培训，会出现什么问题呢？

第一，员工全靠摸索，凭自己的感觉跟客户沟通，客户留存率很低。

第二，成交率很低，浪费客户资源。一个经过系统训练过的团队，其转化率可以提高 15%～20%。也就是说，同样的投入，同样的时间，面对同样的客户，如果进行了专业销售技巧的培训，你的转化率会翻一倍。所以提升转化率是一件非常重要的事情。

二、如何与客户微信沟通、电话联系

销售岗位要跟客户联系，用什么方式来联系呢？有两种方法：微信联系和电话沟通。

老板经常会犯一个错误，就是跟员工说："别跟我废话，我只要结果。"谁都希望做甩手掌柜，但往往你只要结果，最终却得不到结果。结果是由什么决定的？是由过程决定的。

假设有一个员工来你们公司时间很长了，你作为老板，看到他很勤奋，也非常努力，早上来得最早，下班走得最晚，但是业绩是最差的。你从来没有遇到过这么一个负责任的员工，虽然企业是讲结果的，但是这样的人又舍不得裁掉他，怎么办呢？

过去，老板在这时候往往进退两难。现在，老板可以利用 AI 来解决这个问题。

AI 可以把销售过程全程监管并且记录下来。假设有一个场景，员工跟客户的微信聊天记录，老板随时随地可以查看。员工的通话记录，老板随时随地可以查听。这样一来，一旦发现他的业绩不好，但又很勤奋，也很努力，就要去检查过程。在过程中找到他的问题，如果他对产品知识不了解，就培训产品知识；如果沟通能力不行，就培训沟通技巧。

那么，怎样才能全盘监管沟通过程和打电话过程？如今有了

AI，我们可以用 AI 做到这件事情，员工每天的销售记录不需要老板亲自看，AI 系统会每天总结好向老板汇报。

以前需要找个助理每天要统计一下销售岗成交了多少客户，沟通了多少次。现在只要给 AI 发一个指令就可以完成。

AI 能够迅速推送相关信息，从而显著提升效率。因此，当前时代倾向于采用此类高效手段进行销售活动。假设小江在公司担任销售人员，即便未接受专业的销售技巧培训，小江也可利用 AI 所掌握的企业和产品资料，自动生成销售话术。

在此背景下，公司销售经理或销售主管的职位面临着严峻挑战。销售经理和销售主管的核心职责之一是协助下属销售人员解决与客户沟通相关的问题。然而，AI 已部分取代销售主管和销售经理的职能。值得注意的是，AI 提供的专业答案往往比销售主管和销售经理的回答更为标准。AI 不具备情绪，而销售主管在情绪不佳时，可能会对下属产生负面影响，导致员工流失。相比之下，AI 团队不仅不会责备团队成员，反而会持续、高效地解决问题，且情绪稳定，永不疲倦。

第二节　三大销售模型孰优孰劣

销售人员是公司中至关重要的角色，他们直接与客户打交道，对公司业绩的达成起着关键作用。销售人员在公司做什么？笔者认为其主要做下列几件事，如图6-2所示。

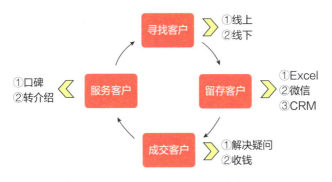

图6-2　销售人员主要工作内容

第一件事，寻找客户。销售人员找客户，要么通过线上，要么通过线下。

第二件事，留存客户。找来客户后，要不要留存客户？留存在哪里？是留存在销售人员手上，还是留存在公司手上？老板希望留存在销售人员手上，还是希望留存在公司手上？答案是老板一定希望留存在公司手上。

那么，公司有没有建立留存客户的体系？很多人认为，留存客户有三个工具：Excel、微信、客户关系管理（CRM）系统。其实，这三种方法的效率都极低。最好将客户留存在 AI-SCRM 里，其是用 AI 赋能社交客户关系管理系统，将 AI 技术跟传统的 SCRM 系统深度融合形成的客户管理工具。

第三件事，成交客户。导流客户是为了提高成交率。成交靠什么？靠的是解决客户的痛点问题。

第四件事，服务客户。解决了成交的问题，还要解决服务客户的问题，在未来才能持续留存客户。

如果上面这四件事全部靠一名销售人员来搞定，那么风险太高了，因为这需要这位销售人员具备高强的能力。

如果一名销售人员把这四件事全部做完了，他就是超级销售。表面上你节约了很多人力，但同样也意味着，你正在培养下一个老板。因为这个人既会找客户、谈客户、成交、服务，还会转介绍，关键他还知道老板的货从哪里进，那他有什么理由继续为你打工？

但换一个角度来讲，如果一名销售把寻找客户、留存客户、成交客户、服务客户的每一项工作都干了，这个人必将成为下一个老板。那么，你的公司每天都在培养这种全能型的老板。

现阶段，企业存在三种不同的销售模型，如图 6-3 所示。

图6-3 企业不同的销售模型

第一个模型，一名员工如果能将寻找客户、留存客户、成交客户、服务客户的全部工作都做完，其就是超级销售人员。大部分公司都是这种销售模型。

第二个模型，寻找客户、留存客户和成交客户这三件事情由销售部做，成交以后交给客户服务部门。这个模型的架构，比第一个模型稍微好一点。

第三个模型，笔者认为是最科学的。寻找客户由三个团队来做。留存客户、成交客户由专业销售团队来做。服务客户由专业服务团队来做。这样下来，公司的流程切分成三段，每一个团队干自己所对应的工作，形成流水线的作业模式。

笔者公司的团队就是流水线作业，获客由获客团队来做，跟单由跟单团队来做，服务由服务团队来做，因为每一个团队的能力结构不一样，每个团队先聚焦成员擅长的板块，然后通过流程把工作串联起来。

只有这样的组织架构，才有机会把公司做大。所有公司一开始都是老板一个人什么都干，但是即便公司再小，老板心中也一定要构建这样的架构，之后再将其拆分开。哪怕团队只有一个人，也是一个团队。非常重要的逻辑就是先把架构搭起来，然后再丰富架构。

第三节 如何用科技手段构建更科学的销售团队

构建更科学的销售团队，有以下几个关键点，如图6-4所示。

```
Ⅰ. 岗位分工化
Ⅱ. 销售流程化
Ⅲ. 管理数字化
Ⅳ. 考核指标化
Ⅴ. 服务个性化
```

图6-4 构建更科学的销售团队的关键点

岗位分工化：明确的岗位分工可以确保团队成员各司其职，提高工作效率，减少工作重叠和推诿现象。根据销售团队的整体目标和业务特点，划分出具体的岗位角色，如销售经理、销售主管、销售代表、售前支持、售后服务等，并明确每个岗位的职责范围、权限和关键绩效指标（KPI）。

销售流程化：标准化的销售流程能够规范销售行为，提升销售效率，同时也有助于新员工快速融入和成长。制订清晰、可执行的销售流程，包括客户开发、需求分析、产品介绍、方案定制、谈判签约、售后服务等，并通过培训和实践不断优化完善，确保每位销售人员都能遵循这一流程开展工作。

管理数字化：数字化管理可以实时追踪销售数据，提供精准的决策支持，提升管理效率。采用 CRM（客户关系管理）系统、ERP（企业资源计划）系统等数字化工具，记录客户信息、销售进展、业绩数据等关键信息。通过数据分析，及时发现销售过程中的问题和机会，调整销售策略和优化资源配置。

考核指标化：合理的考核体系能够激励销售人员积极工作，同时确保销售目标的实现。根据销售团队的目标和业务特点，设定明确的、可量化的考核指标，如销售额、回款率、客户满意度、新客户开发数量等。定期对销售人员进行考核，并将考核结果与绩效奖励、晋升机会等挂钩，以激发销售人员的积极性和创造力。

服务个性化：在竞争激烈的市场环境中，提供个性化服务能够增强客户黏性，提升客户满意度和忠诚度。深入了解客户需求和偏好，根据客户特点定制个性化的销售方案和服务方案。加强与客户的沟通和互动，及时解决客户面临的问题，提供超出客户期望的增值服务。同时，通过客户反馈和数据分析不断优化服务流程和内容，提升整体服务质量。

如果你明白了以上五个关键点，接下来要弄清楚以下几点。

1. 小公司与大公司的区别

因为工作的原因，笔者天天跟大企业、中小企业打交道，发现几乎所有的大公司都是从小开始做起的。华为的成立是在一个小小的出租房里；苹果公司的成立是在地下车库里；腾讯的成立是在华强北赛格科技园一个 100 平方米的房子里。

公司当年成立的条件可能比现在的创业条件还要艰苦，但为什么长成了参天大树，而有些公司却没有？这里面的原因，笔者认为主要有两点，如图 6-5 所示。

图 6-5　小公司与大公司的区别

第一，小公司永远从头开始。

第二，大公司从一开始干的时候，就在搭体系、搭梯子、构建流程。

对于销售公司来说，员工工作两三年，如果员工离职了，那么所有的资料信息是被带跑了，还是被沉淀下来？在几乎 90% 以上的中小企业中，资料信息都会被带跑。

如果一个员工在公司工作了三五年，手上积累了很多客户。当你招来一位新人，把这名员工三五年的工作成果由新员工继承，那么，这位新人的工作业绩会不会好一点呢？他的出单率、开单率会不会高一点呢？目前，AI 可以把这些问题彻底解决掉，让员工的从头再来变成搭梯子。这只是在销售层面的沉淀，要学会举一反三，公司所有岗位的管理者都应该这样去做，去用 AI 重构。

2. 销售人员如何留存客户

销售人员留存客户分两种情况，如图 6-6 所示。

图 6-6　销售留存客户的两种情况

在大部分企业的销售流程中，客户留在个人微信的偏多。如果客户留存在销售人员的个人微信，与销售人员成为好友，那么这个客户就会成为销售人员个人的。

有学员说："江老师，我们公司的销售不是这样，我们给员工配手机，配好专用的微信。"但这也没有用，解决不了根本问题。因为只要员工在离职的时候，把里面的好友一删，就什么都没有了。最好的方式应该是把客户留存到企业微信。

微信分为个人微信和企业微信两种，两者区别非常大。从应用的角度来看，两者一模一样，但企业微信有一个功能是个人微信不具备的：企业微信允许二次开发，个人微信不允许二次开发。

也就是说，企业微信不是简简单单的一个工具，而是一个开放平台。企业可以随时随地在这个平台上做开发。

中小企业的管理和大企业的管理是不一样的，在不同阶段用到的管理方式也不一样，但是如果没有一个平台支持你去开发，管理效率就会越来越低。

笔者公司在企业微信上开发了 AI 社会化客户关系管理（SCRM）系统，把老板们想实现的功能在企业微信里做了二次开发。未来，如果开发得好、用得好，企业就可以直接复制。这就是笔者公司想做成的一件事情。

3. 个人微信与企业微信的区别

个人微信和企业微信在多个方面存在显著差异，这些差异主要体现在使用范围、账号类型、功能特点、安全性、定制化以及具体的功能实现上。

个人微信和企业微信的区别如图 6-7 所示。

图 6-7　个微与企微的区别

第一，好友数量限制。个人微信好友最多 1 万人，企业微信好友最多 5 万人，而且还可以扩容。

第二，个人微信可以删除好友，无提醒。企业微信也可以删除好友，但是有提醒。员工只要删除一个好友，老板就知道了。企业微信甚至可以做到删不掉。这样一来，公司的数据安全就有保障了。企业微信可以二次开发，做到不带任何删除按钮。

第三，员工离职，企业是无法继承员工的个人微信的，而企业微信是可以继承的。什么是离职继承？比如，某员工在公司工作两年，离职了，这两年加的所有微信好友，沟通过的所有客户，老板可以一键分配给其他员工使用。这样一来，另外一名员工在接替工作的时候，可以继续跟进客户。这样既不会与客户断联，也有利于新员工快速成长。

第四，个人微信无法监管聊天内容，而企业微信是可以监控和监管聊天内容的。如果一名员工提到了"钱"，老板马上就可以知道；如果员工提到"加我的私信"，老板马上就可以知道；甚至老板想知道员工聊了什么内容，都可以直接在后台把数据提取过来。这对于企业管理来说，是非常重要的。

第五，企业微信可以监管数据，个人微信无法监管。老板监控员工的个人微信聊天记录，是违法的，侵犯个人隐私。例如，在某公司工作，给员工配的是个人微信，即使是用公司的名义给员工配的，法律也只认可个人微信属于个人，不承认个人微信属于公司。

也就是说，只要员工用个人微信跟客户聊天，老板去查员工的聊天记录，这就是侵犯个人隐私，是很严重的问题。

但是用企业微信，去调用聊天记录是合法合规的。因为办理企业微信的时候，监管聊天记录需要得到员工授权，是在员工知晓的情况下企业才做的监管。

第六，个人微信不支持开发，企业微信支持二次开发。不管是企业微信，还是个人微信，在加好友时的操作几乎90%是相同的，只不过很多人不懂怎么使用企业微信。

老板若对企业微信不了解，不懂这个工具怎么使用，员工就有反驳老板的理由。

企业微信与个人微信在用户心中是没有什么区别的。有人说："江老师，我们能加个好友吗？"当扫完二维码，加的是企业微信，还是个人微信？实际上对方是不知道的。加上后大家就建立了连接关系，对方是不会管加的是个人微信还是企业微信，用户体验是不受影响的。

在公司里，什么人最听话？一定是新人。如果你不相信，就回去做个测试。当你从人才市场招一名新的销售人员，说："以后跟客户沟通，我们要使用企业微信。"新员工一定执行到位。但是老员工不一定能做到。

个人微信加了好友，好友就会出现在通讯录里；企业微信加了好友，好友会出现在服务通知里。

假设今天从抖音上开发了一个客户，用企业微信怎么加他呢？

一般来说，员工与客户沟通，先加微信，还是先打电话？笔者建议先打电话。电话沟通好以后，客户对你的产品有兴趣，才愿意加微信。

很多人认为，如果一个销售人员连客户的微信都加不上，就证明客户对你的产品根本不感兴趣。这种说法听起来好像特别合情合理，但是，笔者不这么认为，微信越是难加的客户而员工最终能加上，越说明客户是真正对你的产品感兴趣，说明员工跟客户沟通比较及时，比较到位。

我们测试过这种情况，当公司的客户量很大时，假设一天在抖音上收获了 10 个客户，员工给客户打完电话，还加不上微信，是因为没给员工考核，只要一考核就加得上。

下次试试这样对员工说："这个月公司给你 100 个从抖音上来的客户线索，我的要求是，这 100 个客户必须有 90 个以上加企业微信。"一旦要考核，员工就会想方设法跟客户沟通。第一次打电话沟通完没加上，第二次还打电话。要是第二次没加上，第三次还打电话，总有办法搞定。

还有一种情况，把老客户导入企业微信，方法其实很简单。比如，专门针对所有老顾客做一个活动，类似"618"购物节，扫描二维码领取优惠券。老客户只要一扫码，就加到企业微信上，企业微信就会把优惠券推给客户，优惠券就是收获客户的诱饵。或者公司专门针对老客户开直播。公司做一个海报，一扫企业微信的二维码，客户就会自动加入。这样，直播两三次，就可以把老客户都加到企业微信里。

如果你还担心抖音上的客户加不上微信，还有一个方法就是在短视频里埋"钩子"。

例如，如果一个团队在销售299元课程的时候，还加送30份AI爆款案例资料，这时就已经把"钩子"设计进去了，员工就可以给客户打电话说："您好，您购买了一份299元课程套餐，为了增强您的体验感，附送您一份AI爆款案例资料包，现在加您为好友，请您通过一下！"这样，员工就与客户建立了联系。

不是企业微信加不上客户，而是方法不对。员工用企业微信，为什么区别很大？因为大家对工具的用法不同。

4. 企业微信的工作原理

企业凭营业执照到企业微信官方平台上注册一个账号，再把员工的个人微信拉进来。员工原来的个人微信账号、密码就是登录企业微信的账号、密码。员工被拉到企业微信后，其账号会生成一个单独的企业微信二维码。以后员工凭这个二维码就可以加客户为好友，与其进行互动交流。

这样，企业就可以在线管理员工，形成数字化管理模式。从审批、付款、采购，再到报销，所有的操作都可以在线上完成，不需要每次都填单子。

企业微信的工作原理如图 6-8 所示。

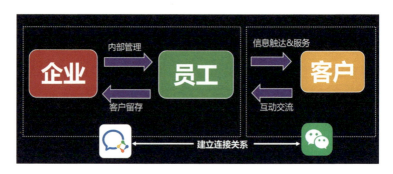

图 6-8　企业微信的工作原理

企业微信把公司所有要手工填的东西替换成线上办理，而且不用花钱，真正实现了无纸化办公。

比如，生产车间在过去是拿着纸质单据去下单，自从有了企业微信之后，在后台发送一个指令，就可以直接到达生产车间了。

过去，你要送货也是要拿着送货单才行。有了企业微信后，不需要送货单了，直接在企业微信里发条信息给司机，司机收到信息后，让客户在手机上签字，送货流程就结束了。

老板随时可以看到所有员工的动态，这就是企业最基本的数字化管理。

前几年，笔者在帮企业构建数字化管理体系，所以很了解整个链路流程的设计。通过企业微信，员工跟客户通过信息进行交流，客户就被员工留存到企业内部了。企业内部要下载企业微信App，但是客户是不需要的，客户依然可以使用个人微信。企业微信和个人微信就是这样建立好友关系的。

笔者认为，企业微信能够帮助企业实现数字化管理、数字化营销，是非常方便的工具。

有人说，不做营销的人，还可以用钉钉App来实现数字化管理，但是只要做销售、宣传、推广，都用不了它。因为钉钉不能加好友。所以，钉钉只能在企业内部做管理用。企业微信既可以对内做管理，又可以对外做营销。企业微信只用这一招，就可以把钉钉比下去。

站在企业经营的角度，客户来源的入口有很多，不仅仅是抖音，只不过有的效率低，有的效率高而已。

线下渠道可能会带来客户，如门店、展会、推荐会等。传统互联网平台推广，也会带来客户。新媒体推广、短视频推广、直播推广也会带来客户。甚至公司的宣传彩页上印的二维码也会带来客户，但是，你知道一年下来这个二维码被扫了多少次吗？

假设你的公司有 20 个推广渠道, 如何了解每一个渠道带来了多少客户, 成交了多少订单, 获得了多少利润? 如果没有这些数据做支撑, 公司不可能把营销做得很好, 因为没有明确数据做支撑, 即使有营销决策也可能是错误的。

企业需要把客户从公域获客平台全部导流到私域, 用企业微信来做承接。企业微信是一个承接工具, 相当于在公域流量池这端接一根水管, 慢慢地把公域的客户导流到私域流量池中。本质上, 做企业经营就是持续把"流量"变成"留量"的过程, 如图 6-9 所示。

图 6-9 "流量" 变 "留量" 过程

企业可以在公域任何一个位置贴一个二维码, 这就是企业微信的强大功能——带参数、可溯源的二维码。比如, 在彩页上贴一个二维码，只要客户一扫码，企业就可以看到。如果企业有包装袋，上面也有二维码，客户扫一下码，企业就知道包装袋带来了一个客户。

现在做任何事情都希望大家可以养成一个习惯，无论花多少钱，做多少事情，第一件事就是要确定能不能监控到数据效果，如果监控不到，就不做。因为即使做得好，也不知道，做得不好，还是不知道。监控效果特别重要。

在企业的管理后台，所有扫进来的客户信息，老板都可以看到，非常方便。假设员工离职，就可以把他的客户分配给其他人。那么离职员工跟客户聊了什么，换的人都能看到，可顺利承接客户。所有客户数据都在公司体系里，搞定离职员工留存问题就变得很便捷了。

员工通过企业微信或者电话跟客户沟通，客户会有一堆抗拒点。只有解决这些抗拒点，客户才有可能买单。经过销售训练的人，能解决这些抗拒点。没有经过销售训练的人，解决不好抗拒点，客户就不会相信。客户不相信，就不会买单。

企业销售人员与客户联系的方式，如图 6-10 所示。

那么，销售人员怎么解决销售疑难问题呢？有两个解决方案，如图 6-11 所示。

第一个解决方案，销售主管、销售经理、销售总监、销售冠

图 6-10 企业销售人员与客户联系的方式

图 6-11 销售疑难问题的两个解决方案

军帮助销售人员解决他搞不定的问题。

第二个解决方案，用 AI 提供帮助。未来会出现 AI 销售主管、AI 销售经理、AI 销售总监、AI 销售冠军。

下面是几段 AI 话术，看 AI 是怎么解决销售问题的。

从抖音上来的客户，对公司的业务员信任感不强，怎么办？可不可以让 AI 帮你写一段增强信任感的话术？

问：假如你是一名销售冠军，我希望你能够帮我写一段让客户更信任我的沟通话术？我公司是做 CNC 数控机床的，有 16 年的发展历史，目前服务很多知名的企业。

答：当然，以下是一段针对 CNC 数控机床的销售沟通话术，旨在建立信任并展示公司的专业性和经验。

尊敬的客户，您好！我非常感谢您抽出宝贵时间与我交流。我了解到您对提升生产效率和加工精度有着极高的要求，这正是我们可以为您提供卓越服务的领域。

我们公司专注于 CNC 数控机床领域已经超过 16 年，我们不仅积累了丰富的行业经验，更是致力于技术创新和服务优化。在这些年里，我们有幸服务了众多知名企业，他们的业务涵盖了航空、汽车、模具制造等多个重要领域。我们的客户群体在不断扩大，正是因为我们始终坚持提供高效稳定、精度高的机床产品以及完善的售后服务。

我想强调的是，选择我们，您不仅是购买一台机床，更是获得了一个值得信赖的合作伙伴。我们深知每一台机床对您的生产线都至关重要，因此我们提供全面的技术支持和快速响应的维修服务，确保您的生产活动不会因为任何设备问题而受到影响。

我非常期待能够进一步了解您的具体需求，为您提供个性化的解决方案。让我们携手合作，共同推动您的生产效率和产品质量迈向新的高度。

如果您有任何疑问或需要更多信息，欢迎随时联系我。我们期待着与您的合作，共创辉煌。

祝商祺!

你会发现，AI 写出来的这段话术，非常职业化，员工绝对不会用这样的词。员工的表达多运用自然语言，更口语化。口语化搞定小客户还行，要搞定大企业，需要更加职业化、规范化的语言。

未来，销售人员一定是往职业化的方向发展，AI 就能让你的团队与客户沟通变得更加职业化。你的员工看到这段话术的时候，有没有可能参考这段话术跟客户沟通？这是一个很好的帮助，员工自己很难说出这种职业化话术，尤其是刚刚入职销售团队的新人。

当客户说"价格太贵了"，员工一般会说"不会的，我们这已经是行业最便宜的了"。你觉得这能说服客户吗？那该怎么回复呢？看 AI 是怎么回答的。

问：我们是做 CNC 数控机床的，当客户说我们的产品价格太贵，我该如何回复他，才有机会获得更多的成交机会呢？请给我写一段话术。

答：当然，面对客户关于产品价格的疑虑，您可以采用以下话术策略来回应。

尊敬的客户，我理解您对价格的关注，这是每一位精明的企业主都会考虑的重要因素。我们的价格在市场上可能并非最低，但这背后反映的是我们对产品质量和服务的不懈追求。

首先，我们的 CNC 数控机床采用的是行业内先进的技术，这不仅保证了机床的高精度和稳定性，也大大提高了生产效率。从长远来看，这意味着用较低的维护成本和更少的生产停滞时间，为您节省了大量潜在开支。

其次，我们提供的不只是设备，还包括了从安装、调试到培训操作人员的全方位服务，确保您的团队能够充分利用设备的高性能。我们的售后服务团队也随时待命，以应对任何突发状况，最大限度地减少任何可能的生产延误。

最后，我们服务过多家知名企业，他们的反馈证明了我们设备的高性价比和我们服务的高品质。通过与我们合作，您将获得超出预期的回报和市场竞争力。

我愿意与您详细探讨，如何通过我们的产品和服务，为您的具体生产需求量身定制解决方案，确保您的投资能够获得最大的回报。让我们共同讨论，找到最适合您业务发展的合作模式。

期待您的回复，我们愿意为您提供进一步的信息和支持。

通过这种方式，你不仅解释了产品价格高的原因，还强调了长期价值和投资回报，同时表现出愿意与客户合作解决问题的积极态度。这样的回复有助于提升客户的信任感，并可能提高成交的概率。

我们的业务员经常遇到这种情况：跟客户聊了一个月，给客户打了一个月电话，客户还是没反应，陷入僵局。业务员不知道接下来该怎么跟客户沟通了。

让 AI 帮你干一件事：把你跟这个客户一个月的聊天记录全部分析完毕，告诉你接下来怎么跟进。

问：假如您是一名销售冠军，我希望您帮我分析一下我和客户的沟通记录，帮我给出销售跟进意见和话术，接下来如何与客户沟通提升成交率。

答：当然，我可以帮助您分析沟通记录并提供销售跟进的建议。为了进行具体分析，我需要查看您和客户之间的具体沟通内容。请您分享一些关键的沟通摘要或具体的对话实例，这样我才能够为您提供更加具有针对性的建议和话术。

一旦我了解了沟通的具体情况，我可以帮助您识别沟通中的亮点和需要改进的地方，同时提供如何继续跟进的策略和相应的沟通技巧。请您提供沟通记录的相关信息，以便我为您提供帮助。

李亚和小明的沟通对话如下。

李亚：你好，我是朋友推荐给你们公司的，我想了解一下你们公司的 CNC 数控机床。

小明：您好，我想问一下，你希望了解我们公司哪个型号的机床呢，我给你详细介绍一下。

李亚：那款三菱 850 型号，请问什么价格？

小明：您好，这款产品的价格是 29.8 万元。

李亚：怎么会这么贵？我朋友买的价格才 20 万元，你是不是给我价格更贵呢？

小明：您朋友买的那款是 650 型号，价格比较便宜，850 型号是最新进口款，所以价格会贵一些。

李亚：那我再考虑一下吧，价格太贵啦！

小明：好的，那您就先考虑一下，有需要的时候再和我联系吧！

AI 分析后给出的建议和话术如下。

在这段沟通记录中，客户李亚表达了对价格的担忧，并且没有立即做出购买决定。小明在回应价格问题时提供了合理的解释，但没有进一步引导对话或提供其他可能的解决方案来维持客户的兴趣。

以下是一些建议和话术，帮助小明更有效地跟进。

确认需求和预算：在客户表达价格顾虑时，可以询问客户的具体需求和预算，以便推荐更符合客户预算的产品或解决方案。

价值说明：解释高价格背后的价值，如机床的性能、耐用性、售后服务等，帮助客户理解价格与价值之间的关系。

灵活性展示：如果可能，可以讨论支付方案、优惠活动或融资选项，展示公司在价格和支付条件上的灵活性。

跟进机制：即使客户需要时间考虑，也应该建立一个积极的跟进机制，而不是被动等待客户联系。

建立联系：提供联系方式，并告知客户可以随时咨询问题或获取更多信息。

AI分析后给出了小明下一步的沟通话术。

基于上述建议，这里是一个改进后的话术示例。

小明：我理解您对价格的关注，李亚先生。我们的三菱850型号确实是最新的进口款，它不仅具有卓越的性能和精准度，还具有耐用性和全面的售后服务支持。您是否有特定的预算范围或者对机床有特别的需求？这样我可以更好地帮助您找到最合适的解决方案。

李亚：我确实有预算限制，但我也需要质量可靠的机床。

小明：完全理解。我们有多种机床和配置选项，或许可以在不牺牲质量的前提下，找到符合您预算的型号。此外，我们也提供分期付款等融资选项，这样可以减轻您的资金压力。如果您愿意，我可以为您详细介绍这些选项。

李亚：听起来不错，我想了解更多。

小明：太好了！我可以发送一份包含不同型号和付款方案的详细资料给您，或者我们可以安排一个时间，进行一次在线演示，让您直观了解我们的产品性能。您觉得哪种方式更适合您？

李亚：我想先看看资料。

小明：当然没有问题。我会立即发送相关资料到您的邮箱。另外，我会在两天后给您打个电话，看看您是否有疑问或需要进一步讨论的地方。请问我可以在什么时间给您回电呢？

通过这种方式，小明不仅回应了客户的价格担忧，还提供了其他可能的解决方案，并且主动安排了后续跟进，这样可以保持与客户的联系并提高成交的可能性。

公司不缺销售冠军，而是缺会使用先进工具的员工。

第四节　AI+销售管理：老板如何科学管理销售团队

企业在销售管理中，存在很多漏洞。在过去，这些问题一直没有很好的解决方案。直到 AI 出现才改变了这一现状。企业应该把管理的漏洞补上，这样才能更加高效，员工的工作效率也会变得更高。

老板如何科学管理销售团队，如图 6-12 所示。

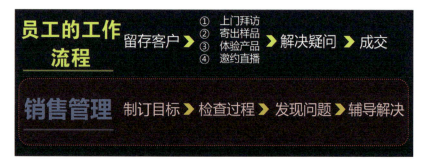

图 6-12　老板如何科学管理销售团队

AI 销售管理分为两个部分，一是员工的工作流程；二是销售管理。

销售员如何按照流程工作？

第一步，客户开发与留存。

①市场与客户分析：进行市场调研，了解目标客户群体的需求、偏好及竞争对手的情况。

②潜在客户识别：通过各种渠道（如社交媒体、行业活动、老客户推荐等）寻找并识别潜在客户。

③初步接触与建立联系：通过电话、微信等方式与潜在客户建立初步联系，介绍公司及产品或服务，收集客户基本信息。

④客户留存策略：提供有价值的内容（如行业报告、产品试用、优惠活动等）以维持客户的兴趣，建立信任关系，促进客户留存。

每一家企业都需要把大量客户留存在自己的公司，这样才有沉淀，才有积累。

第二步，深化客户关系与产品展示。

①上门拜访：根据客户需求和兴趣，上门拜访客户，更深入地了解客户需求，展示专业性和诚意。

②寄出样品/体验产品：为客户提供产品样品或体验机会，让客户通过亲身体验了解产品的优势。

③邀约直播/线上演示：利用线上通信工具，如视频会议、直播等，为无法亲自到访的客户进行线上的产品演示和讲解。

④收集反馈：在每一次互动后，及时收集客户的反馈意见，

了解客户对产品或服务的看法和期望。

第三步，问题识别与解决。

①主动识别问题：在与客户交流过程中，主动询问并识别客户可能存在的问题或疑虑。

②提供专业解决方案：基于专业知识和公司资源，为客户提供针对性的解决方案，展现专业性和解决问题的能力。

③跟进与反馈：对问题的解决情况进行跟进，确保客户满意，并收集客户的反馈以持续改进。

第四步，促成交易与后续服务。

①提出合作方案：根据客户需求和公司的实际情况，提出合适的合作方案或报价。

②协商与谈判：与客户就合作细节进行协商，包括价格、交付时间、售后服务等。

③签订合同：在双方达成一致后，签订正式合同，明确双方的权利和义务。

④交付与验收：按照合同约定的时间和方式交付产品或服务，并协助客户进行验收。

⑤后续服务与关系维护：在成交后，继续为客户提供优质的售后服务，保持与客户的良好关系，为未来的合作打下基础。

这个流程是一个循环往复的过程，每个步骤都相互关联，相互促进。销售员需要不断学习和提升自己的专业能力，以更好地满足客户需求，实现个人和公司的目标。销售员按照一个系统而有效的流程来开展工作，确实能够提升工作效率和客户满意度，从而提高成交率。

销售管理不只是老板或者销售总监亲自带领团队，它是一个综合性的、策略性的管理过程，旨在优化销售流程、提升销售业绩、增强团队效能，并确保销售活动与公司的整体战略目标保持一致。

销售管理的过程包括制订目标、检查过程、发现问题、辅导解决。但是大部分管理者只停留在定目标、要结果上，中间给员工的帮扶和辅导其实是非常有限的。

从销售管理的角度来说，企业不仅要制订目标，更要想办法帮助员工达成目标。这是老板要思考的问题和要做的事情。

对于公司老板来讲，过去几乎忽略了过程，只要结果，这是因为没有好的工具帮助公司来监管过程。但是现在有了 AI，就可以帮助公司把过程监管得非常到位。

销售管理监管过程的两个关键点如图 6-13 所示。

AI 做销售监管，一切都是顺其自然的。你平时该怎么干就怎么干，中间不需要增加任何环节。

例如，笔者公司内部一直坚持让所有的员工用企业微信与客

图 6-13 销售管理监管过程的两个关键点

户沟通。这样腾讯公司可以把沟通数据开放给我们，我们就可以掌握业务沟通的过程数据。我们只需要向腾讯支付一笔费用即可。一年下来，每个人也就几百元。对于企业运营来说，这个成本可以忽略不计。

腾讯是靠数据赚钱的。但它不是把数据卖给公司，而是允许公司查询这些数据。因为公司所有人都在平台上进行业务交流活动，每天会留下大量数据。当然个人微信数据不能开放，因为这是侵犯隐私权。

企业只要开通了企业微信业务，就可以和我们的 AI 后台对接。我们的 AI 后台已经开发好了所有的东西，也训练了所有的销售话术，你只需要把查询对话记录授权给我们，就可以在我们的平台看到所有的交流数据。

图 6-14 是我们的智灵星 AI 后台企业微信会话存档界面。

会话存档就是企业员工聊天记录。所有员工与客户的对话、在群里的对话记录、员工和员工的聊天记录，都会被记录下来。

图 6-14 智灵星 AI 后台企业微信会话存档界面

比如，老板在自己的仪表盘上，可以调出公司任何一个人的所有聊天记录。

但是，公司有那么多人，老板有那么多时间天天去看这些人的聊天记录吗？其实是没有时间的。那怎么办？我们在后台告诉 AI，让它总结每一个员工跟客户沟通的所有情况，总结出一个报表给老板就好了。

比如，把某员工和客户的一段沟通内容（见图 6-15）给到 AI，让 AI 扮演销售冠军的角色："请你分析一下他们俩的对话，根据他们俩的对话，告诉销售人员接下来怎么跟单？"

本质上，AI 就做了一件事，把大模型与微信对话做了一个系

【会话摘要】：员工向伍总问候并提到其参加南宁场次的课程学习，强调抖音的红利期和低投入成本，询问伍总的后续规划。

【话术评估】：话术得体，继续加油！

【跟进话术】：伍总，您对抖音的想法很有前瞻性！我们可以为您提供更多的支持和资源，帮助您快速启动项目。方便的话，我们找个时间详细聊聊您的计划？

图 6-15　销售人员与客户的企微聊天跟进记录

统性对接，串联起来。这样一来，企业微信的使用就会变得很丝滑，效率就变得很高。

老板如果想监管、了解员工行为，就可以设置敏感词。比如，只要员工跟客户聊到了钱或者价格，就提醒一下。如果客户聊到了价格，聊到了钱，可能说明这个人有成交意向。对于老板来讲，他当然要了解到底多少人问了价格，这样就可以了解客户的意向。

技术对我们来讲不难，难的是怎么创建体系。我们可以用 OpenAI 对话，用 GPT 把文字输进去，但是做不到系统化，效率太低。原则上是把大模型植入公司的系统里，直接让它执行任务。我们目前把体系做成标准化，本质上是做了二次开发。

用过 CRM 的企业，会让员工填写客户跟进记录，所有 CRM 后台都有这个功能，但是没有一个员工愿意填。因为这个功能很不便，员工不喜欢。员工需要在微信聊天中把微信聊天记录搬过来，非常浪费时间。

老板要考核员工，员工就要配合。但是老板其实是不知道填写的真实性的。这个环节以前是做不到的，但是现在我们公司开发的 AI-SCRM，不需要员工填写任何东西。信息是系统记录的，是 AI 自动完成的，是用 AI 改造企业的销售过程，重构销售流程。

有了 AI-SCRM，员工就不会抗拒。老板只要和员工讲，用上这个系统，不用填写任何东西，只是在企业微信跟客户聊天，只是跟客户打电话，其它东西全部交给 AI。员工不喜欢做他不想做的事，但是有了 AI 工具，并不需要员工去后台填写其不想填写的客户跟进记录，AI 自动就帮他完成了。

AI 工具可以提高员工的成交转化率，节约员工的时间，还能给员工提供建设性改进意见和帮助。这样的系统，员工会不会抗拒？不会！员工会持欢迎和拥抱的态度，因为这个系统是帮他们赚钱的。监管员工聊天记录，是为了让大模型帮助员工成长，用 AI 帮助员工把业绩做得更好。AI 是在给员工赋能，这才是核心。

如果是电话沟通，企业怎么查询员工与客户的聊天记录？有两种解决方式。

第一种解决方式很传统，企业买工作手机，然后在工作手机里装一款录音软件，这是以前的方式。但是这种方式不宜采取，因为侵犯了个人隐私。而且买工作手机会增加企业的运营成本。

第二种解决方式很特殊，什么都不改变，员工零感知。员工平时可以自由打电话，但是手机卡要用中国联通的。

中国联通有一种工作手机卡，只要办好卡以后，就可以开通云录音、云定位功能。你只要开通，数据就可以接入公司的后台，公司就可以看到这张卡所有的通话记录。

这个解决方案是最科学的。它解决了风险的问题。因为这是企业行为，所有人办卡全部要签字。公司只是从联通拿数据。员工一打电话，数据秒进 AI 后台。老板看后台，可以查通话记录，如图 6-16 所示。

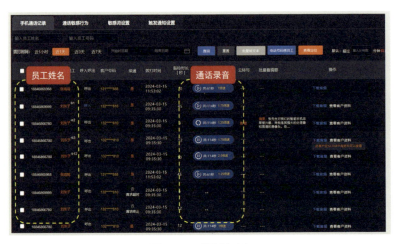

图 6-16　通话记录

图 6-17 是员工和客户的电话总结。

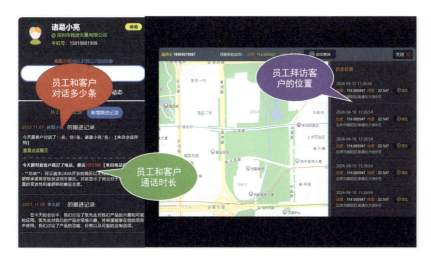

图 6-17　员工和客户的电话总结

联通工作手机卡还有一个功能就是自带定位。企业可以根据需要选择是否启用这个功能。

有学员曾说："我们有一件很痛苦的事，每一次让员工去拜访客户的时候，我们都要让员工打卡、拍照、发地址。后来发现他们都用软件作假。"

手机卡定位功能开通后，这个问题自然就解决了。

只要开通定位，后台就会显示位置。但是不开通定位，后台就显示不了位置。我们拿到的数据全是合法合规的。有了定位，不管员工在哪里，公司都可以看见。但是，这个定位不会定到他具体在哪个位置，只是大概的位置。

有些公司的员工经常出差，万一这个人途中发生了意外，如果是在工作以外的事情，偏离了工作范围，公司就可以拿到证据。如果他做的事情与工作相关，企业应当承担责任。但如果他借出差的名义，做的事情跟工作完全不相关，企业就可以留存证据。

理解了 AI 销售，从抖音上吸引来的客户就更加容易成交、转化。本质上，这是一套体系的构建。没有这套体系，即使前端获客再多，后端跟单团队跟不上，最终也很难变现。

这就是用 AI 重构传统业务的逻辑，对企业来说就是把经营环节 AI 化，把产品推广、销售等各环节与 AI 融合。

任何企业都可以做得到。只不过大家对 AI 的了解不够，所以一定要学习，才能够把 AI 经营做得更好。

第七章

AI+数字人：

利用 AI 打造企业数字员工

"

数字人的诞生，其本质旨在解决企业人效问题，为老板节省时间，解放其双手。在当前数字化转型的浪潮中，打造企业数字员工已成为一大趋势，它利用 AI 技术极大提升工作效率，并显著降低人力成本。企业数字员工，这一虚拟实体，基于 AI、机器学习（ML）、自然语言处理及计算机视觉（CV）等前沿技术构建，能模拟或执行人类员工在特定岗位上的任务。它们24小时无休，不受物理限制，擅长处理大量重复性、规则性强或需快速响应的工作。

随着 AI 技术愈发成熟与普及，企业数字员工将更加智能化与人性化，能够胜任更多复杂、有创造性的任务。它们不仅提升运营效率，还将深刻影响企业的组织架构、工作模式及文化。展望未来，数字员工与人类员工将紧密协作，共同驱动企业的持续创新与发展。

第一节　AI+数字人：企业落地应用七大场景

古代有个非常伟大的发明，就是马镫，如图 7-1 所示。

图 7-1　马镫的发明史

骑过马的人都知道，我们骑的马都有一个不起眼但非常重要的配件——马镫。也许大家不知道，就是这个小小马镫的发明，深刻地改变了世界。

马镫解放了骑手的双手和身体，使其上下马更方便，并可在马上灵活转动；骑手在马上脚踏马镫定力骤增，双手挥洒自如，既可手持套马杆套马放牧、驱赶畜群，又可调教幼驹、驯服野马。

对于骑士来讲，马镫是一个工具。这个发明的重要性不亚于今天航空航天方面的发明。因为当年要是没有这个东西，骑士的双手是无法解放的。有了马镫，骑士的双手才被解放。双手被解放以后，骑士就可以用双手去干更多有意义的事。

数字人的出现对公司经营的价值，相当于马镫解放了骑士的双手。前文讲到数字人帮助很多老板做短视频、开直播，解决了老板做短视频专家号的真人出镜问题，不必消耗老板的精力和时间。实际上，数字人在企业中的应用场景，远不止做短视频。那些过去需要真人出镜的经营场景，很多都可以通过"文案标准化+数字人"方式实现。数字人的典型应用场景如图7-2所示。

图7-2　数字人的典型应用场景

具体来讲，以下是当前正在广泛应用的七大场景，涉及市场营销、客户服务和经营管理等多方面。

一、做企业短视频/直播

　　用数字人做短视频背后的流程是什么？如图 7-3 所示。

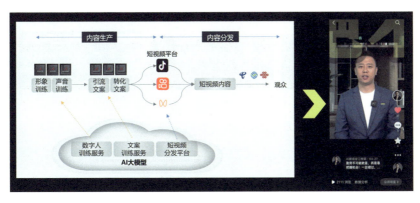

图 7-3　数字人短视频解决方案

　　数字人短视频解决方案用了两个大模型：数字人训练服务和文案训练服务大模型。把数字人形象和声音训练出来后，用文案大模型去做引流文案、转化文案，接下来分发到抖音、微信视频号、快手，观众就可以看到短视频内容。一边做内容生产，一边做内容分发，最后数字人形象就出来了，如图 7-4 所示。

　　部分数字人作品在抖音上的短视频播放量如图 7-5 所示。

图7-4 数字人视频

图7-5 AI做的账号在抖音平台上的数据

发布在微信视频号上的数字人作品数据，如图7-6所示。

无论在抖音还是微信视频号，这些数字人作品数据跟真人打

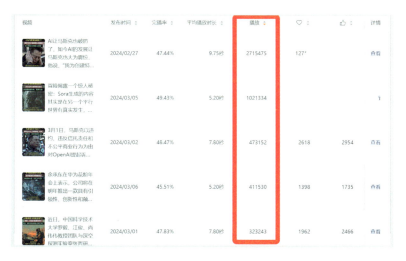

图 7-6　AI 生成的视频在微信视频号上的数据

造的账号数据并无二致，有百万爆款，也有仅几千流量的，短视频播放量的波动是非常正常的现象，这完全符合平台的算法机制和内容生态。

所以，如果你们公司现在人手比较短缺，完全可以去定制自己的数字人。

很多人想通过数字人来做直播，那么数字人究竟能不能开直播？这个问题取决于各大平台的政策与规定。目前，不同平台对于数字人直播的态度和规定各不相同，但总体持相当谨慎与严审的态度，比如抖音官方要求，若使用数字人做直播，旁边必须同时坐一个真人。真人出镜的主要目的是实时回答公屏上的问题。目前，数字人结合 AI 也可以回答公屏上的问题，但是它的反应速度没有那么快。特别是在直播这种需要即时互动的场景中，观众的问题可能五花八门，数字人可能无法迅速且准确地给出回答，这时真人的介入就显得尤为重要。

抖音官方制订这样的规则，是出于多方面的考虑。一方面是为了保证直播内容的真实性和互动性，避免用户体验感下降；另一方面是为了规范直播行为，防止一些滥用数字人技术进行虚假宣传或误导观众的情况发生。

从平台自身利益来看，它也需要千万直播间的销量和投流费来支撑自身的业绩，所以在数字人直播这件事上，平台和商家的利益本质上是一致的，未来不排除政策松动的可能，所以大家应密切关注数字人直播的动态。

二、企业内外培训

数字人的常见场景应用是把公司内部培训交给数字人去讲，新员工入职公司通常需要接受培训，涵盖企业文化、规章制度、行政制度、财务制度以及产品介绍和销售技巧等方面。这一流程相当烦琐，大型企业可能会设立企业大学专门负责此事。然而，对于中小企业而言，投入大量资金建立企业大学并开展系统性培训并不现实。

若能有一个助手来协助完成上述培训，情况将大为不同。这个助手便是数字人。通过训练数字人并构建企业内部培训体系，未来新员工入职时，首场培训即可由老板亲自进行。新员工无论是集中坐在会议室还是各自工位上，通过在线观看老板的培训，对公司的认知将截然不同。

若老板无法亲自培训，而由他人代替，其效果将大打折扣。因为听老板亲自讲解后，员工对企业的认同度会显著提升。这是员工代替老板讲解所无法比拟的。两者在重视程度和培训效果上存在显著差异。

公司培训体系重构主要有两种方式：真人录播和数字人视频。真人录播在内容更新时较为麻烦，因为企业文化、产品和知识会不断更新迭代。一旦需要更新信息，可能需要重新录制整个视频。而使用数字人则更为便捷，只需修改相关文字内容，让数字人重新朗读即可，无须更改画面。这便是数字人的优势所在，笔者公司采用数字人方式进行了内部培训课程的重构。

数字人不仅可以用于企业内训员工，还可以用于外部经销商培训。对经销商的培训是招商模式的刚需和长期需求，公司可以把整套培训系统用数字人录出来，高效交付，就能极大地提高对经销商的培训效率以及降低公司成本。

三、外贸业务交流

如果公司做海外市场，老板或者外贸业务员，不可能懂得全球那么多语言。有了数字人以后，可以启用老板的数字人，把公司的英文版简介录下来，通过海外聊天工具，点对点发给外商，增强外商的信任感。还可以进一步把每个产品的介绍也用数字人录下来，如法炮制。除了可以在聊天沟通的时候，根据客户的需求把产品的数字人介绍视频发给客户，还可以把每个产品的数字人视频上传到官网或小程序上，搭配一个二维码。这样，在线下触达客户的任何场景，潜在客户只要对这个产品感兴趣，拿出手机扫一扫，马上就能看到这个产品的真人详细介绍，看完后可以添加微信好友进一步沟通，非常高效。

四、官方渠道展示

数字人还可以跟公司的官网、小程序等官方渠道进行打通。以后，在公司的官网、小程序上，宣讲公司和产品的人可能就是老板。这个时候用户的感知是不一样的，老板是公司的第一销售人员，是公司的最大代言人，老板亲自出镜讲业务，就是对公司最好的背书，给用户以强烈的信赖感。

五、模拟真人客服

未来客服系统应该怎么做？结合前文"AI客服"章节讲到的自然对话功能，形式上同样可以结合数字人，让智能客服有真人形象。这样不仅交流内容像真人输出的，形象上也是真人，提升用户的体验感，如图 7-7 所示。

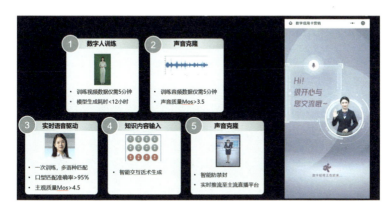

图 7-7　数字人客服系统

六、线下广告宣传

数字人明明是线上观看场景，怎么跟线下广告结合？

正常情况下，人们平时所看到的产品介绍是一张张海报或宣传手册。但是，一个空间有限的页面是很难传达出更多信息的。所以最好的模式是，在线下销售场景尽量布局线上渠道的二维码，打通线下和线上的客流转化。比如，在每一个产品彩页上放一个小程序的二维码，别人一扫码就会跳出数字人来讲解产品。看到老板亲自介绍产品，用户的体验感又会提升，在介绍结束的时候，再推出老板的企业微信，客户加上老板的企业微信，就可以直接跟老板对话。这种模式特别适合规模不是特别大的公司。如果公司规模已经很大了，老板不可能冲在前面去回复客户，此时就用一段引文告诉客户：“请联系我们公司专业的顾问！”这样也能把客户资源引导进来。

七、数字人导游

数字人的虚拟形象还可以广泛应用在其他需要真人交流，但内容可以标准化的场景中，比如在文旅行业做景区导游，用生动形象的数字人代替真人导游，为游客提供景区讲解服务。游客可以根据自己的兴趣和时间选择不同的讲解内容和路线。

与过去的虚拟人念稿方式不同的是，基于 AI 自然语言处理技术的数字人导游，可以在标准化讲解的基础上，理解游客的语言输入，并实时生成自然流畅的语音回应，与游客进行互动交流，真正解决游客的现实问题，为游客提供特别的旅游体验。

而对于景区来说，相比于传统的真人导游，不知疲倦的数字人导游既不用支付工资、提供福利等，也不需要进行培训和管理，这就大大降低了景区的运营成本。此外，数字人导游可以同时为多个游客提供服务，提高了服务效率，进一步节约了成本。笔者相信，数字人导游未来在文旅行业的数字化升级中会发挥巨大的作用。

随着 AI 技术的发展，数字人会变得更加逼真、智能、自然，并在越来越多的领域得到应用。

第二节　AI+数字人：如何训练与制作

AI 数字人技术是复杂的、多技术融合的结果，你看到的逼真的人物克隆形象，是利用了计算机图形学、AI、语音识别、图像处理等多个领域的技术创建的虚拟人物。它可以模拟真人的声音、动作和表情，并与用户进行互动。

企业在选择数字人供应商的时候，不需要了解背后复杂的技术实现方式，只需从前端直观感受数字人的实际形象与应用效果。

一、数字人类型

如果你打算做数字人，需要先了解目前市面上的数字人类型。数字人主要分为两种，如图 7-8 所示。

第一种数字人是 3D 数字人，指的是通过大模型建立一个具有三维空间特征的虚拟立体形象，虽然看起来跟真人无异，但现实中这个人是不存在的。3D 数字人的应用场景由于具有高度的真实感和立体感，因此在一些对沉浸感要求较高的场景中应用广泛。比如在虚拟现实（VR）和增强现实（AR）体验项目中，3D 数字人可以扮演虚拟导游、虚拟店员等角色，让用户仿佛置身于真实

图7-8　市面上数字人的分类

的场景中。

　　如果要做成卡通形象，就特别适合用 3D 数字人的形式。很多游戏里面的形象就是通过虚拟建模做出来的。

　　第二种数字人是 2D 分身数字人，是通过复制或克隆一个真人的形象，基于二维平面的呈现，当改变观察角度时，不会像 3D 数字人那样呈现出自然的三维空间变化。2D 数字人也叫数字分身，是对真人拍摄以后，再通过大模型对真人视频进行训练，得到这个人的数字人。也就是说，数字人是被训练出来的，如图 7-9 所示。

　　2D 数字人有公模现成的数字人和私模定制的数字人之分。顾名思义，公模就是公共用的，所有人都可以使用该形象对外发布内容。很多 AI 数字人平台都提供免费的公模。如果你要用别人的公模，一定要问平台有没有授权。如果没有授权就私自使用会面临法律风险。

　　私模是指为企业或个人量身定制的数字人模型。这类模型通

图 7-9　2D 数字人制作

常根据具体需求进行开发，具有高度的个性化和定制化的特点。由于是企业私有财产，模型的所有权和安全性能够得到保障，减少了被外部恶意利用的风险。

虽然公模在成本和获取的便利性上具有一定优势，但对于企业而言，其潜在的安全隐患和缺乏个性化的特点可能带来更大的问题。因此，在选择数字人模型时，企业应充分考虑自身需求、预算以及长远发展规划，在权衡利弊后作出明智的选择。在追求效率和成本的同时，不要忽视安全性和品牌个性的重要性。

二、企业如何训练数字员工和数字声音

数字人生成的流程是一个高度专业化且精细化的过程，旨在

创造出既符合企业需求又具备高度真实感与互动性的虚拟形象。

目前的数字人训练流程如图 7-10 所示。

图 7-10　数字人训练流程

公司定制数字人的流程如下。

1. 跟企业沟通需求、拍摄对标和场景设计

训练数字人的依据主要包括以下两点。

第一，需明确数字人的应用场景。与企业进行深入沟通，以确定数字人将被用于何种具体场景（例如，短视频、直播、客户服务等），以及目标受众和品牌形象的具体要求。这些要素对于确保数字人的设计符合企业的整体战略与市场需求至关重要。

第二，若数字人计划用于短视频领域，我们的团队将根据与您的沟通结果，为您寻找合适的对标对象，以便更精准地定位数字人的风格与表现方式。

①场景对标：了解数字人出现的具体环境或背景，如视频风格、色调、氛围等，以便设计与之相协调的数字人形象。

②形象对标：确定数字人的外貌、风格、气质等，是否需要模仿某位公众人物或特定角色，以及肢体动作、语言表达等细节的设计方向。

③内容对标：如果数字人将用于特定内容创作，如教育、娱乐、广告等，还需分析并确定内容的主题、风格、节奏等，以确保数字人的表现与之契合。

2. 找到数字人技术供应商

基于第一步的需求分析与对标结果，选择合适的数字人技术供应商。选择数字人供应商的考虑因素包括技术实力、案例经验、服务质量、成本效益等。

3. 拍摄素材、专业设备、专业人员

①专业设备与人员：选用高质量的专业摄像机、灯光、录音设备等，由经验丰富的摄影师、化妆师、录音师等专业人员共同完成拍摄工作。

②高效拍摄：虽然拍摄时间可能只需半天，但前期准备（如化妆、造型、灯光调试等）和后期制作（如剪辑、调色、声音处理等）同样重要，要做好这些工作以确保素材质量。

③素材多样性：为了训练出更自然、多变的数字人，需要采集不同角度、表情、动作、语速的素材，以提高模型的泛化能力。

拍一个数字人的形象大概需要半天时间。一般来说，要一次

性训练三个数字人形象。如果你的表现好，只要录 5 分钟就可以把形象、声音提炼出来做训练。但是有一点要注意，所有的训练必须到公司做。

4. 素材质检、画面质检、声音质检

把这一切准备好以后，就开始用大模型来训练数字人的形象、声音。

①模型训练：利用大模型技术，将采集到的素材（包括形象、声音等）输入到训练系统中，通过算法学习并生成数字人模型。训练过程中需要不断调整参数，优化模型表现。

②质检验收：对训练完成的数字人模型进行全面质检，包括但不限于形象逼真度、动作流畅性、语言表达自然度、声音清晰度等，确保数字人达到既定标准。

5. 数字人应用的场景

训练完毕，接下来就可以使用了。

①部署上线：将训练完成并质检合格的数字人模型部署到相应的平台或应用中，如短视频平台、直播平台、客服系统等。

②内容生成：企业团队可以根据需要，利用已部署的数字人模型生成视频内容，如直播带货、产品介绍、客户咨询等。

③持续优化：根据实际应用效果和用户反馈，对数字人模型进行持续优化和迭代，以提升用户体验和市场竞争力。

总之，数字人在企业中的应用趋于成熟，前景广阔，展现出巨大的商业价值。它正在重塑企业的客户服务、市场营销、员工培训以及内外运营等各个环节，帮助企业在激烈的市场竞争中脱颖而出。企业应积极拥抱 AI 数字人，充分挖掘数字人经营的应用场景，实现自身的数字化转型和可持续发展。

后序

——AI 经营破局的未来畅想

本书分析了 AI 如何深刻影响并重塑企业的经营方式和营销策略。从 AI 新思维到企业经营的三大法则，再到 AI 在产品、营销、客服、销售赋能以及打造企业数字员工等方面的应用中，我们看到了 AI 为企业带来的无限可能与机遇。

然而，AI 经营破局的未来并非坦途。随着技术的不断进步和应用场景的持续拓展，企业将面临更加复杂多变的挑战。AI 将不仅是提升经营效率的工具，更将成为企业转型升级的核心驱动力。

在未来，AI 将进一步融入企业的每一个经营环节，从产品设计、生产制造到销售和客户服务，全方位推动企业变革。

企业老板要抓住 AI 时代的红利，不需要成为技术专家，而要有足够的知识储备来识别、判断哪些应用与自身业务相匹配。

所以企业老板首先要实现思维转变，积极学习和了解 AI 的基本原理、应用场景以及可能为行业带来的颠覆式改变。而最关键的是勇于尝试，迈出第一步，先选择业务流程中的某个环节作为试点，如营销传播环节、客服或销售环节等，这是符合大部分中小企业 AI 化应用的突破口。

可以预见，那些与 AI 发展同频、能够充分利用 AI 技术的企业，将在激烈的市场竞争中脱颖而出，成为行业的佼佼者。

总之，AI 经营破局只是我们探索 AI 与企业经营融合之路的起点。未来，我们将持续关注 AI 技术的发展动态，深入挖掘 AI 在企业经营中的潜力与价值，为企业转型升级和可持续发展贡献更多的智慧和力量。